UTB

UTB **8288**

Eine Arbeitsgemeinschaft der Verlage

Beltz Verlag Weinheim · Basel
Böhlau Verlag Köln · Weimar · Wien
Wilhelm Fink Verlag München
A. Francke Verlag Tübingen und Basel
Haupt Verlag Bern · Stuttgart · Wien
Verlag Leske + Budrich Opladen
Lucius & Lucius Verlagsgesellschaft Stuttgart
Mohr Siebeck Tübingen
C. F. Müller Verlag Heidelberg
Ernst Reinhardt Verlag München und Basel
Ferdinand Schöningh Verlag Paderborn · München · Wien · Zürich
Eugen Ulmer Verlag Stuttgart
UVK Verlagsgesellschaft Konstanz
Vandenhoeck & Ruprecht Göttingen
Verlag Recht und Wirtschaft Heidelberg
VS Verlag für Sozialwissenschaften Wiesbaden
WUV Facultas · Wien

Antike Architektur und Bauornamentik

Grundformen und Grundbegriffe

Andreas Schmidt-Colinet und Georg A. Plattner
mit Umzeichnungen von Franz Fichtinger

WUV

Bibliografische Information Der Deutschen Bibliothek
Die Deutsche Bibliothek verzeichnet diese Publikation
in der Deutschen Nationalbibliografie;
detaillierte bibliografische Daten sind im Internet über
http://dnb.ddb.de abrufbar.

Zeichnungen: Franz Fichtinger
Einbandgestaltung: Atelier Reichert, Stuttgart
Innengestaltung: Atelier Tiefenthaler, Wien
Gesetzt aus der Linotype Syntax, gedruckt auf Aconda [1,3] 100g/m^2
Druck: Facultas AG
Printed in Austria

ISBN 3-8252-8288-0

VORWORT

Architektur und ihr Dekor sind Ausdruck unserer Lebenswelt und prägen diese zugleich, ohne daß wir uns dessen immer bewußt wären. Dies gilt für die Gegenwart genauso wie für die Antike. Will man also historischen Wirklichkeiten der antiken Welt näher kommen, ist es notwendig, Grundformen und Grundbegriffe auch der Architektur und Bauornamentik zu definieren und sich auf bestimmte Termini und eine Begrifflichkeit zu einigen. In diesem Sinne versteht sich dieses Büchlein als Repetitorium bzw. als Versuch einer Einstiegshilfe zum Erlernen einer gemeinsamen ›Sprache‹, deren Grundkenntnisse zunächst für die gegenseitige Kommunikation sowie für jede Beschäftigung mit dem Thema »Antike Architektur« notwendig erscheinen und die zugleich weitere Neugier erwecken können.

Dabei liegen die formalen und inhaltlichen Beschränkungen bzw. Unzulänglichkeiten eines solchen Versuchs auf der Hand: Zum einen sind die Autoren keine Bauforscher oder Architekten, sondern ›Klassische Archäologen‹, zum anderen ist hier ›Antike‹ geographisch und zeitlich auf die griechisch-römische Welt reduziert. Aus diesem Bereich ist dann wiederum eine – noch dazu subjektive – Auswahl getroffen, die erheblich erweitert oder modifiziert werden könnte. Angestrebt waren aber weder eine möglichst vollständige Materialsammlung im Sinne eines Handbuches noch eine möglichst weitgehende Differenzierung im Detail nach dem neuesten Forschungsstand, sondern eine exemplarische Darstellung von ›Faustregeln‹ und die Vermittlung von Grundkenntnissen, wobei komplexe Befunde und Entwicklungen notgedrungen simplifiziert sind. Auch die im Anhang stehenden Tabellen zur Chronologie, die Liste mit griechischen und lateinischen Bezeichnungen zum Tempelbau, das mehrsprachige Lexikon moderner Fremdsprachen zu Fachausdrücken antiker Architektur und Bauornamentik sowie die Bibliographie sind als Anhaltspunkte und Einstiegshilfen gedacht und erheben keinesfalls auch nur annähernd einen Anspruch auf Vollständigkeit. Im Vordergrund stand das Bestreben, ein nützliches und allgemein verständliches Arbeitsinstrument nicht nur für Erstsemester der Klassischen Archäologie und Kunstgeschichte, sondern auch für den ›interessierten Laien‹ zu schaffen, das den Benutzer zu Korrekturen und Ergänzungen anregen mag.

Architektur und ihre Ornamentik sind subtile und sensible Parameter unserer Lebenswelt und können geradezu als kulturelle Leitformen bezeichnet werden.[1] Wie komplex die Informationen sind, die Architektur und Bauornamentik liefern können, sei – für die Antike – an einigen ausgewählten Beispielen des korinthischen Kapitells der römischen Kaiserzeit exemplarisch veranschaulicht bzw. in Erinnerung gerufen. Dem Kapitell kommt besonderer Stellenwert zu, da es die Schlüsselposition zwischen tragender Vertikale (Säule, Pfeiler) und lastender Horizontale (Architrav) definiert, und das auch schon aufgrund dieser Tatsache zu allen Zeiten dekorativ besonders hervorgehoben wurde.

In augusteischer Zeit hat sich in Rom das sog. korinthische Normalkapitell herausgebildet (Abb. 56 und 66), das als Leitform für die gesamte römische Kaiserzeit verbindlich blieb, sich aber zeitlich und regional in unterschiedlichen Varianten weiterentwickelte (Abb. 67).[2] Um diese Varianten einordnen zu können, dienen Monumente, die aufgrund von Inschriften fest datiert sind – z. B. stadtrömische Triumphbögen (Abb. 93–94) – als chronologische und regionale Fixpunkte, an die sonst undatierte Kapitelle durch Vergleich der Einzelformen angehängt werden können. Auf diese Weise lassen sich Kapitelle – und damit die zugehörigen Bauten – häufig auf eine Generation, gelegentlich sogar auf ein Jahrzehnt genau datieren. Dabei kann man stilistische Gemeinsamkeiten mit anderen gleichzeitigen Dekorationsformen wie Zahnschnitt, Perlstab oder Eierstab beobachten, etwa im sog. flavischen Barock (Abb. 70, 106–111).[3] Auf der Basis einer längeren Abfolge datierter Kapitelle lassen sich dann Reihen bilden, die Entwicklungen oder zumindest Entwicklungs-

Zu den hier verwendeten Abkürzungen s. unten S. 135 (Literatur).

1 Man vergleiche bereits E. Weigand, Baalbek und Rom, die Römische Reichskunst in ihrer Entwicklung und Differenzierung, JdI 29, 1914, 37 ff.; ders., Baalbek, Datierung und kunstgeschichtliche Stellung seiner Bauten, Jahrbuch für Kunstwissenschaften 2, 1924/25, 77 ff. 165 ff.; in neuerer Zeit H. von Hesberg, Bauornamentik als kulturelle Leitform, in: W. Trillmich – P. Zanker (Hrsg.), Stadtbild und Ideologie, Kolloquium Madrid 1987, AbhMünchen 103 (1990) 341 ff.

2 W.-D. Heilmeyer, Korinthische Normalkapitelle. Studien zur Geschichte der römischen Architekturdekoration, 16. Ergh. RM (1970); K. S. Freyberger, Stadtrömische Kapitelle aus der Zeit von Domitian bis Alexander Severus (1990); ders., Zur Typisierung und Standardisierung stadtrömischer Kapitelle der mittleren Kaiserzeit, in: A. Hoffmann u. a. (Hrsg.), Bautechnik der Antike, DiskAB 5 (1991) 53 ff.

3 Vgl. schon P. H. von Blanckenhagen, Flavische Architektur und ihre Dekoration untersucht am Nervaforum (1940).

tendenzen erkennen lassen, die ihrerseits wieder als Datierungskriterien herangezogen werden können.[4]

Ferner lassen sich bestimmte ikonographische, stilistische und technische Einzelheiten bestimmten Regionen bzw. ›Kunstlandschaften‹ zuweisen, woraus sich aufschlußreiche Hinweise auf soziale, wirtschaftsgeschichtliche oder politische Hintergründe ergeben können: Wenn z. B. Celsus, der zeitweise in Rom den Consulat bekleidet hat, in seiner Vaterstadt Ephesos einen Bibliotheksbau errichten läßt, der zugleich sein Mausoleum beherbergt, so ist es eine klare Aussage, wenn sich die Ornamentik an diesem Bau an stadtrömischen Vorbildern orientiert.[5]

Die genaue Beobachtung und Analyse technischer Details erlauben darüber hinaus die Rekonstruktion von Herstellungsprozessen und Werkstattstrukturen.[6] Nicht zuletzt ist die Herkunft des Materials, aus dem die Bauteile gefertigt sind, aufschlußreich. Ganz abgesehen von Fragen der Steingewinnung in den Steinbrüchen[7] gibt das Material entscheidende Hinweise nicht nur auf weiträumigen Marmorhandel und Transportmethoden, sondern auch auf die ›Wertigkeit‹ eines Baus, wenn z. B. wertvolle, seltene und nur schwierig zu beschaffende Buntmarmore an einem Bau verwendet werden.[8]

Der komplexe Fragenkreis der sich über die Bauornamentik eröffnet, ließe sich erweitern. Um diesen Fragen nachzugehen und dann zu neuen Erkenntnissen zu gelangen, ist zunächst eine gemeinsame ›Sprache‹ notwendig, wozu hier ein Versuch gemacht wird.

4 Zur Methode vgl. etwa L. Vandeput, Dating by Means of Architectural Decoration. Possibilities and Limits, in: M. Waelkens – J. Poblome (Hrsg.), Sagalassos III (1995) 129 ff.

5 V. M. Strocka, Zur Datierung der Celsusbibliothek, in: 10th Intern. Congress of Classical Archaeology, Ankara 1973 (1978) 893 ff.; ders., Wechselwirkungen der stadtrömischen und kleinasiatischen Architektur unter Trajan und Hadrian, IstMitt 38, 1988, 291 ff.; vgl. auch G. A. Plattner, Ein stadtrömisches Kapitell aus Ephesos, ÖJh 71, 2002, 237 ff.

6 Vgl. N. Asgari, Zwei Werkstücke für Konstantinopel aus den prokonnesischen Steinbrüchen, IstMitt 39, 1989, 49 ff.; M. Pfanner, Der Titusbogen (1983) 23 ff.; ders., Vom »Laufenden Bohrer« bis zum bohrlosen Stil, AA 1988, 667 ff.; ders., Über das Herstellen von Porträts, JdI 104, 1989, 157 ff.; s. auch Anm. 7.

7 N. Hertz – M. Waelkens (Hrsg.), Classical Marble: Geochemistry, Technology, Trade (1988); M. Waelkens (Hrsg.), Pierre éternelle du Nil au Rhin. Carrières et préfabrication (1990); s. auch Anm. 6.

8 P. Pensabene (Hrsg.), Marmi antichi (1985); ders., Marmi antichi II (1998); M. De Nuccio – L. Ungaro, I marmi colorati della Roma imperiale (2002); auch H. Mielsch, Buntmarmore aus Rom im Antikenmuseum Berlin (1985).

Tempel

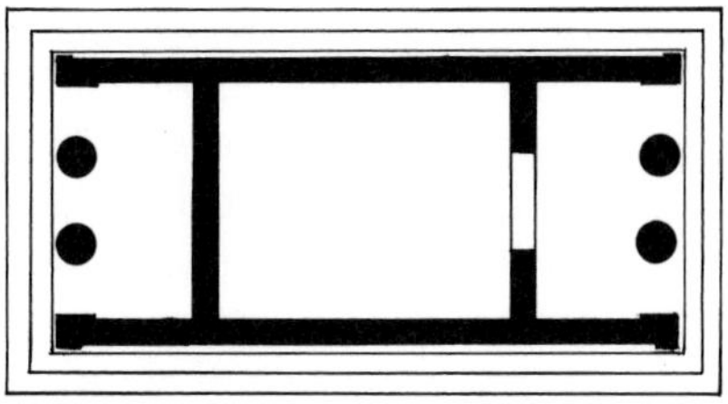

Der griechische Tempel – der dorische und der ionische Peripteros

In Griechenland, auf den griechischen Inseln und in Kleinasien entwickeln sich aus einer ursprünglichen Holzarchitektur zwei unterschiedliche Tempelformen: der dorische und der ionische Peripteros (Tempel mit einer umlaufenden Säulenhalle).

Der allansichtige dorische Bau (**1**) ist durch das Grundmaß *(modulus)* des Säulenjoches (Abstand der Säulenachsen) bestimmt. Außerdem liegt dem Grundriß ein festes Gerüst von Achsenbezügen zugrunde: Die Fluchten der Längswände des Naos binden in die Achsen der zweiten bzw. fünften Frontsäule, die Antenstirnen von Pronaos und Opisthodom fluchten in die Achsen zwischen der zweiten und dritten Säule der Langseiten.

Der ionische Bau (**2**) ist dagegen auf einem rasterartigen Grundriß errichtet. Durch einen vertieften Pronaos ist zusätzlich die Frontseite des Baus betont.

1 Paestum, Hera-Tempel II (›Poseidon-Tempel‹): Dorischer Peripteros (2. Hälfte 5. Jh. v. Chr.)

2 Priene, Athenatempel: Ionischer Peripteros (2. Hälfte 4. Jh. v. Chr.)

A Peristasis
B Pteron
C Naos (Cella)
D Pronaos
E Opisthodom
F Ante
G Krepis

Literatur

Vitruv III 2, 5
H. Knell, Vitruvs Architekturtheorie[2] (Darmstadt 1991) 84 ff. 98 ff.
G. Gruben, Griechische Tempel und Heiligtümer[5] (2001) 33 ff. 341 ff. 366 ff.

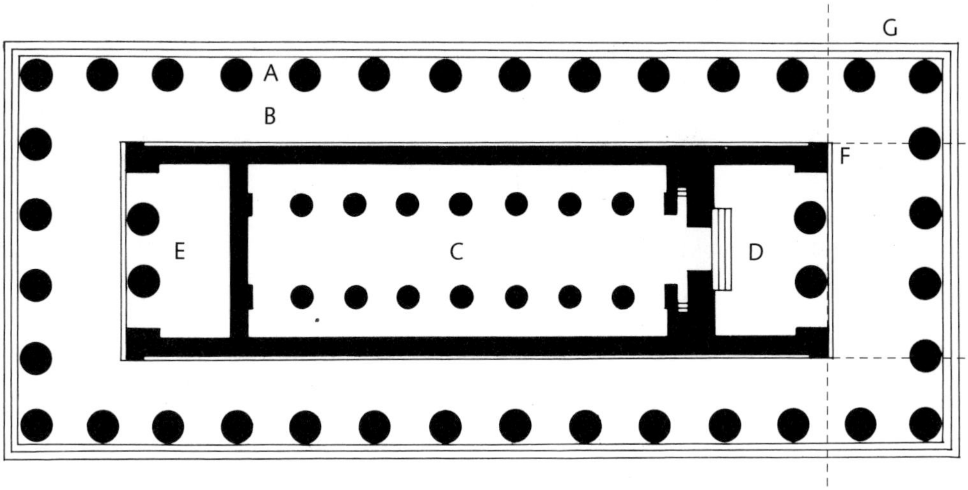

1

2

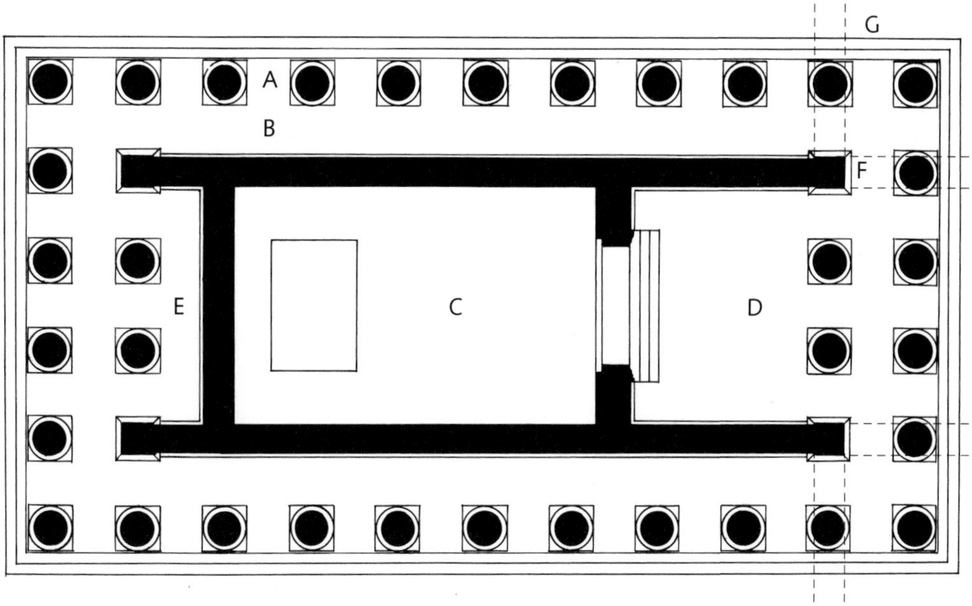

Der griechische Tempel – ionische Sonderformen

In Kleinasien entstehen zwei monumentale Sonderformen des ionischen Tempels: Der Dipteros (Tempel mit verdoppelter umlaufender Säulenstellung, **3**) und der Pseudodipteros (Tempel mit verdoppelter Breite des Pterons, wörtlich mit »vorgetäuschtem Dipteros«, **4**).

3 **Samos, sog. Rhoikos-Tempel: Dipteros (570/60 v. Chr.)**

4 **Magnesia/Mäander, Artemistempel: Pseudodipteros (Mitte 2. Jh. v. Chr.)**

Literatur

W. Hoepfner – E. L. Schwandner (Hrsg.), Hermogenes und die hochhellenistische Architektur. Koll. Berlin 1988 (1990) 1 ff.

G. Gruben, Griechische Tempel und Heiligtümer[5] (2001) 350 ff.

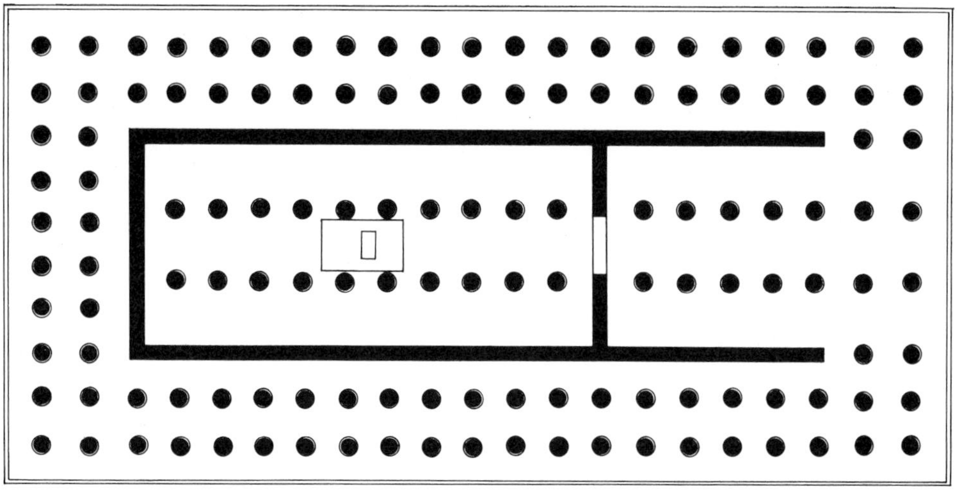

3

4

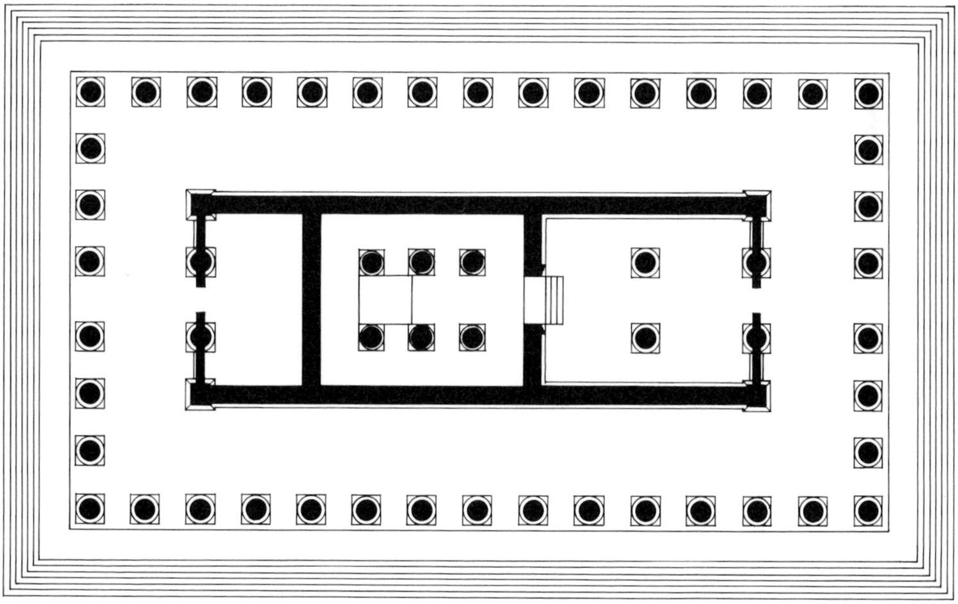

5 **Antentempel:** Zwei Säulen stehen zwischen den Anten *(in antis)* des Pronaos

6 **Doppelantentempel**

7 **Prostylos:** Eine Säulenreihe steht vor den Anten

8 **Amphiprostylos**

9 **Monopteros:** Rundbau ohne Naos

10 **Tholos:** Rundbau mit Naos

Literatur

Vitruv III 2, 1–8

F. Seiler, Die griechische Tholos. Untersuchungen zur Entwicklung, Typologie und Funktion kunstmäßiger Rundbauten (1986)

H. Knell, Vitruvs Architekturtheorie[2] (Darmstadt 1991) 67 ff.

G. Gruben, Griechische Tempel und Heiligtümer[5] (2001) 27 ff.

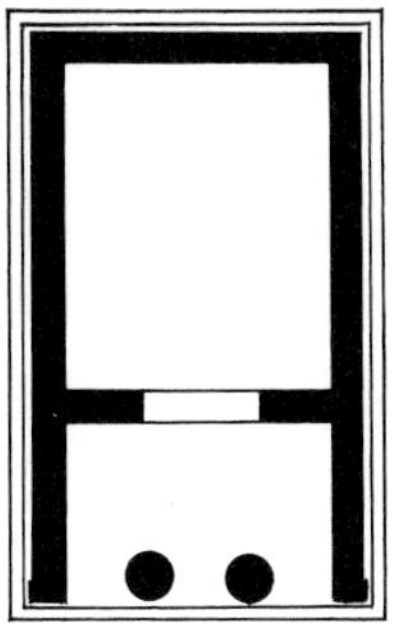

5

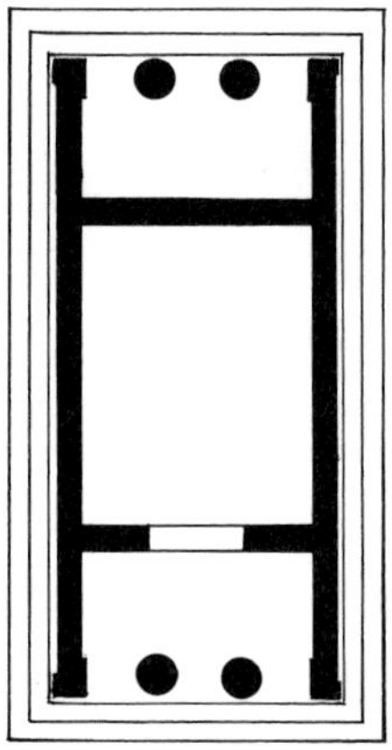

6

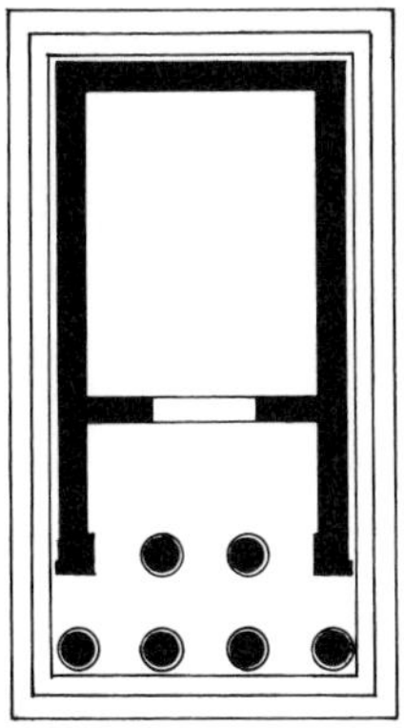

7

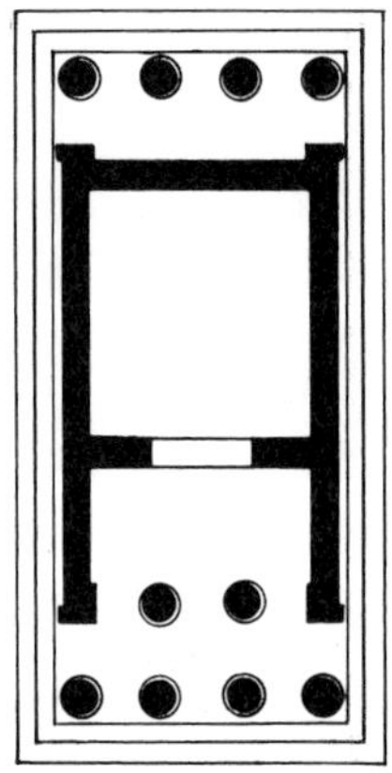

8

9

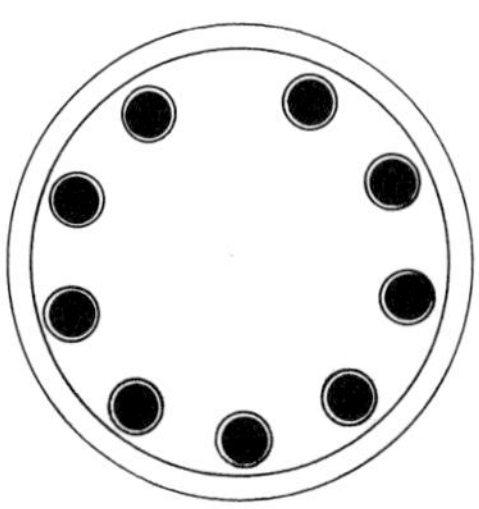

10

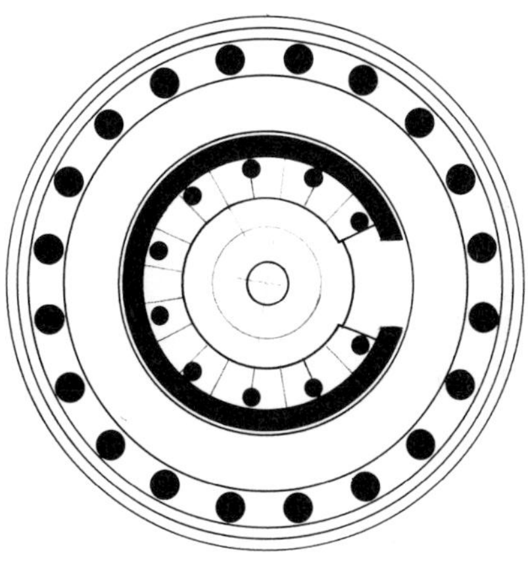

Anders als der griechische Tempel steht der römische auf einem hohen Podium, das nur von der Frontseite über eine Freitreppe zu begehen ist. Statt eines Säulenumganges umgeben Halbsäulen die Cella (Pseudoperipteros, **12**). Der Pronaos ist erweitert und verleiht dem Bau zusätzlich eine Richtung. Frühe Formen des italisch-etruskischen Tempels besitzen keine rückwärtigen Säulen (*templum sine postico;* **11**).

11 Rom, Capitol, Jupitertempel: italischer Tempel *(templum sine postico)* **(5. Jh. v. Chr.)**

12 Nîmes, ›Maison Carée‹: Pseudoperipteros **(Anf. 1. Jh. n. Chr.)**

Literatur

H. Kähler, Der römische Tempel (1970/1982)

P. Gros, Aurea templa. BEFAR 231 (1976)

T. Mattern, »Vielheit« und »Einheit«. Zu Erscheinungsbild und Wirkung römischer Tempelarchitektur, BJb 199, 1999, 1 ff.

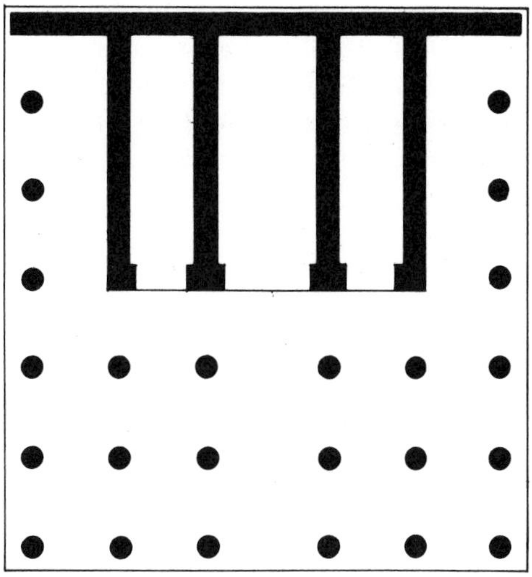

11

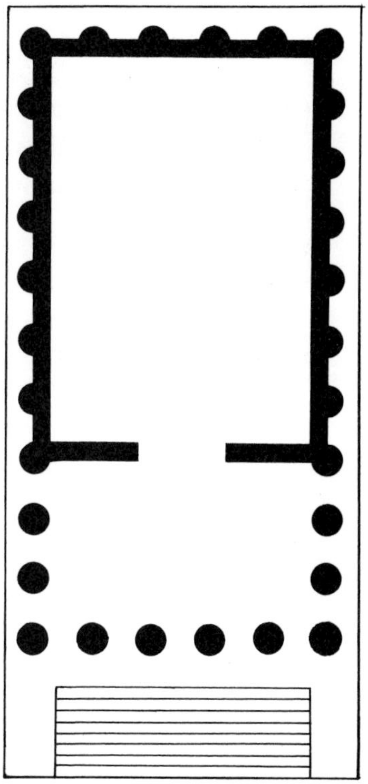

12

Die dorische Ordnung bildet sich auf dem griechischen Festland aus einer ursprünglichen Holzarchitektur seit dem 7. Jh. v. Chr. aus. Das Gebälk spiegelt in seiner monumentalen Form noch die frühe Holzarchitektur wieder. So kann man z. B. die Triglyphen als Stirnseiten der Deckenbalken, die Metopen als deren Zwischenräume erklären, die Guttae als Nagelköpfe.
Zum Stufenbau des dorischen Tempels s. Abb. 21, zum Kapitell s. Abb. 20.

13 Die dorische Ordnung

A Akroter
B Wasserspeier

Kranzgesims
C Sima (Traufleiste)
D Schräggeison
E Tympanon (Giebelfeld)
F Horizontalgeison
G Mutulus (Tropfenplatte) mit je 6 x 3 Guttae (Tropfen)

Gebälk
H Triglyphe (Platte mit drei Stegen)
I Metope
K Tenia (Band)
L Regula mit 6 Guttae (Tropfen)
M Architrav (undekorierter Balken)
N Kapitell (s. Abb. 20)

Literatur
Vitruv IV 3
A. von Gerkan, Die Herkunft des dorischen Gebälks, JdI 63/84, 1948/49, 1 ff.
B. Wesenberg, Beiträge zur Rekonstruktion griechischer Architektur nach literarischen Quellen, 9. Beih. AM (1983)
N. Weickenmeier, Theoriebildung zur Genese des Triglyphon – Versuch einer kritischen Bestandsaufnahme. Diss. Darmstadt (1985)
G. Gruben, Griechische Tempel und Heiligtümer[5] (2001) 33 ff.

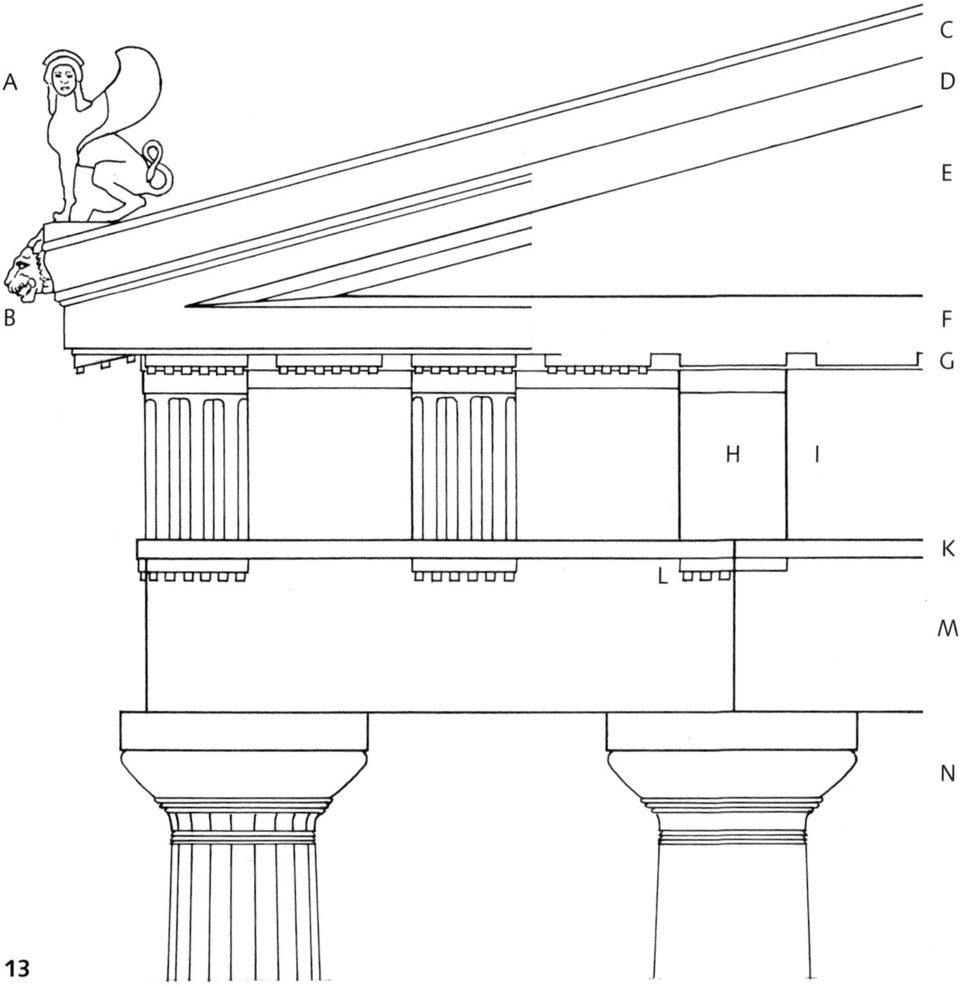

13

Der dorische Tempel weist Besonderheiten auf, die man früher als ›optische Korrekturen‹ bezeichnet hat, und die dem ganzen Bau sein geschlossenes und doch ›lebendiges‹ Ausehen verleihen. Zu diesen Besonderheiten gehören die Entasis (Schwellung der Säulen), der ›dorische Eckkonflikt‹ und die ›Kurvatur‹.

Der dorische Eckkonflikt

Sind die Triglyphen schmäler als der Architrav, die Ecktriglyphe soll aber doch an der Ecke des Architravs stehen, müßte sie aus der Säulenachse zur Ecke hin verschoben werden – und zwar um die halbe Breitendifferenz zwischen Triglyphe und Architrav. Um nicht die anschließende Metope um eben diesen Betrag zu verbreitern, was die Regelmäßigkeit im Gebälk stark beeinträchtigen würde, wird das Eckjoch des Baus um eben diesen Betrag kontrahiert (**15**).

14 Dorische Ordnung

Architrav und Triglyphe sind gleich breit, es kommt zu keinem Konflikt.

15 Dorische Ordnung

Der Architrav ist breiter als die Triglyphe, das Eckjoch wird kontrahiert

a Breite der Triglyphe
b Architravbreite
c Kontraktion = (Architravbreite – Triglyphenbreite) : 2
d kontrahiertes Säulenjoch
e normales Säulenjoch

Literatur

EAA Atlante dei complessi figurati (1973) Taf. 302 s. v. ordini architettonici (M. Wegner)

H. Knell, Vitruvs Architekturtheorie[2] (Darmstadt 1991) 84 ff.

G. Gruben, Griechische Tempel und Heiligtümer[5] (2001) 42 f.

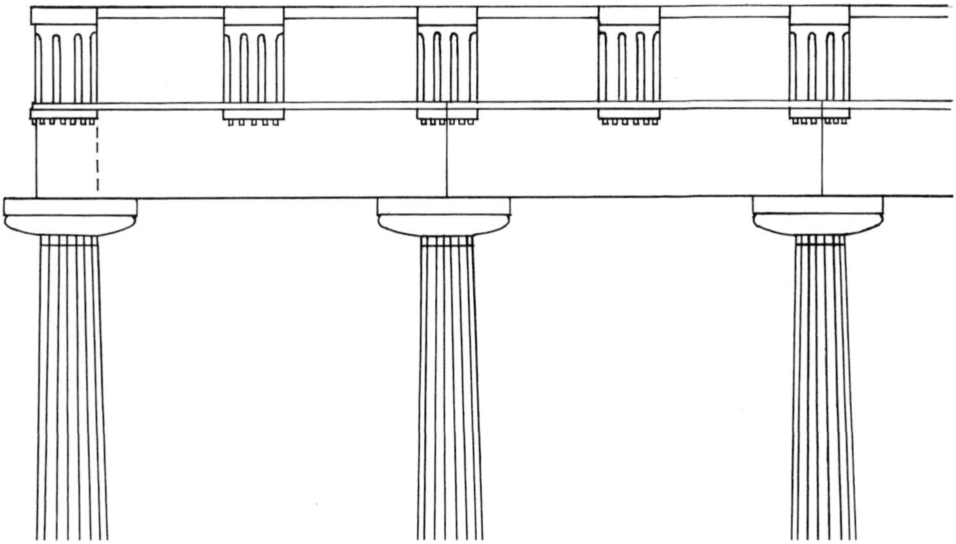

14

15

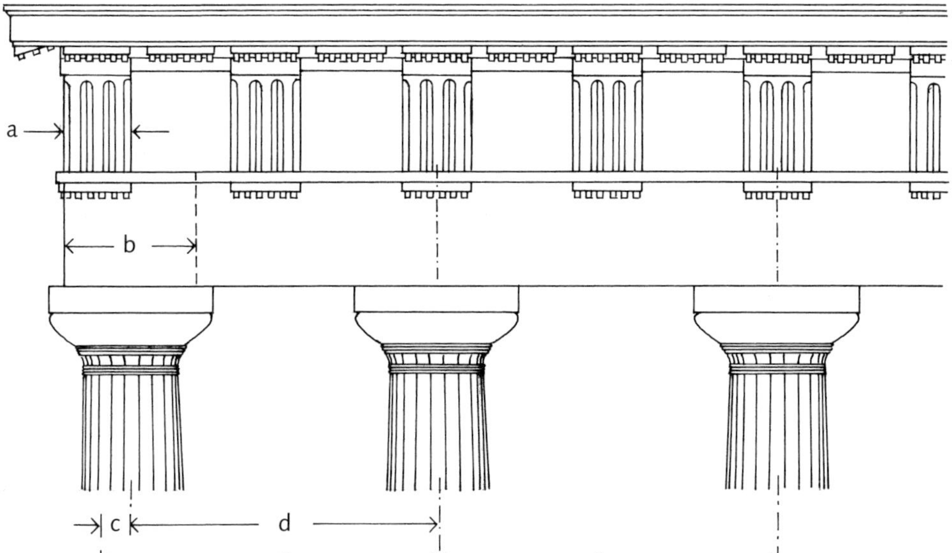

Die Kurvatur

Die Krepis des dorischen Tempels ist kalottenförmig zur Mitte des Baus hin aufgewölbt. Diese ›Kurvatur‹ setzt sich im gesamten Aufbau des Tempels über eine Innenneigung der Säulen und die Krümmung des Gebälks bis in die Dachkonstruktion fort. Die Kurvatur verleiht dem Tempel sein eigenes ›Leben‹. Klassizistische Bauten der Neuzeit besitzen in der Regel keine Kurvatur und wirken daher ›kühler‹ und akademischer.

16 Kurvatur des dorischen Tempels, schematisch überhöhte Skizze

Literatur

J. J. Coulton, Greek Architects at Work (1977) 108 Abb. 44

H. Knell, Vitruvs Architekturtheorie[2] (Darmstadt 1991) 85 f.

L. Haselberger (Hrsg.), Appearance and Essence. Refinements of Classical Architecture: Curvature. Symposium Philadelphia 1993 (1999)

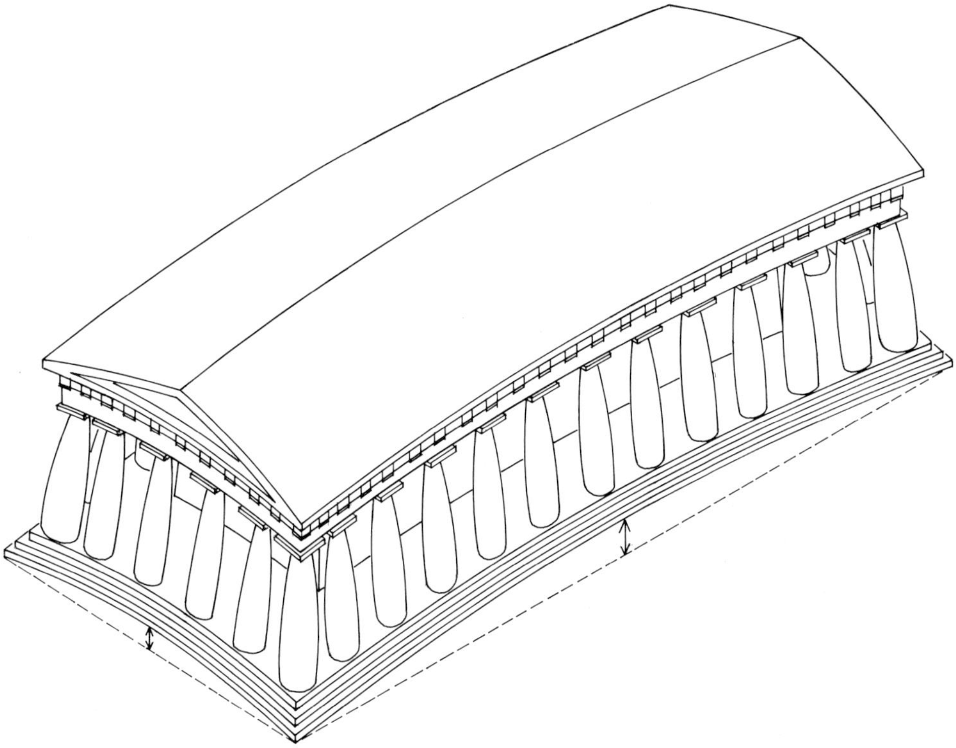

16

Die ionische Ordnung bildet sich in mehreren Varianten auf den griechischen Kykladeninseln und in Kleinasien aus. Auch in ihr spiegeln sich Elemente einer früheren Holzarchitektur wieder. So ist z. B. der Zahnschnitt als Stirnholz der Deckenbalken zu erklären.

Drei Varianten des ionischen Gebälks sind zu unterscheiden: Die attisch-ionische Ordnung (**17**) und zwei kleinasiatisch-ionische Ordnungen (Abb. 18–19). Auch für die Säulenbasis haben sich unterschiedliche Formen entwickelt, die attische und die kleinasiatische Basis (Abb. 50–51).

17 Athen, Erechtheion: attisch-ionische Ordnung **(Ende 5. Jh. v. Chr.)**

A Akroter
B Wasserspeier

Kranzgesims
C Sima (Traufleiste)
D Schräggeison
E Tympanon (Giebelfeld)
F Horizontalgeison

Gebälk
G Fries
H Architrav mit drei Faszien und Kopfprofil
I Kapitell

Literatur
A. v. Gerkan, Betrachtungen zum ionischen Gebälk, JdI 61/62, 1946/47, 17 ff.
G. Gruben, Griechische Tempel und Heiligtümer[5] (2001) 341 ff.

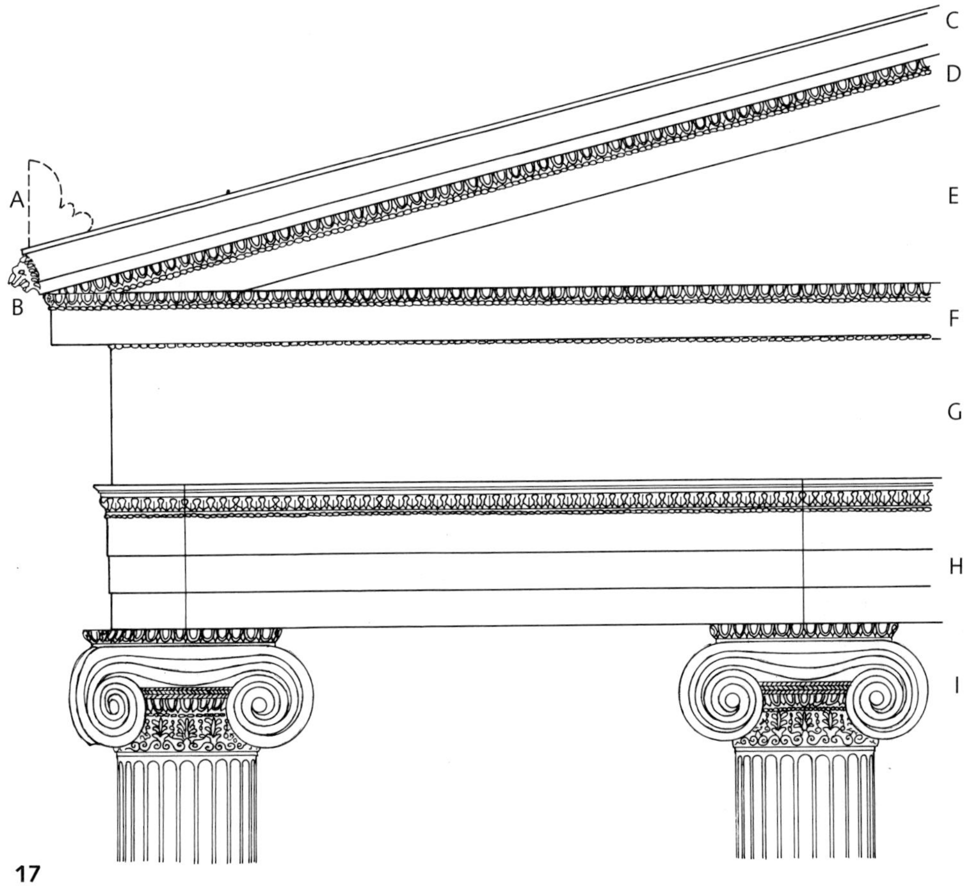

17

18 Priene, Athenatempel: kleinasiatisch-ionische Ordnung 1
(2. Hälfte 4. Jh. v. Chr.)

A Akroter
B Wasserspeier

Kranzgesims
C Sima (Traufleiste)
D Schräggeison
E Tympanon (Giebelfeld)
F Horizontalgeison

Gebälk
G Zahnschnitt
H Architrav mit drei Faszien und Kopfprofil
I Kapitell

19 Magnesia/Mäander, Artemistempel: kleinasiatisch-ionische Ordnung 2
(Mitte 2. Jh. v. Chr.)

A Akroter
B Wasserspeier

Kranzgesims
C Sima (Traufleiste)
D Schräggeison
E Tympanon (Giebelfeld)
F Horizontalgeison

Gebälk
G Zahnschnitt
H Fries
I Architrav mit drei Faszien und Kopfprofil
K Kapitell

18

19

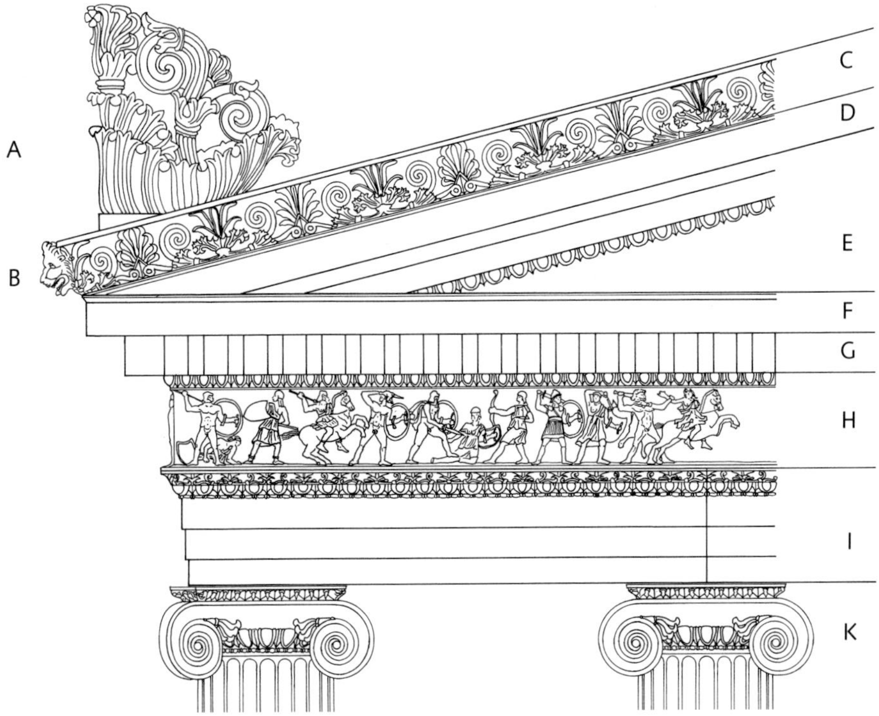

Kapitelle

Das dorische Kapitell
Das dorische Kapitell vermittelt wie ein Polster zwischen tragender Säule und lastendem Architrav. Früheste Beispiele finden sich auf dem griechischen Festland und den westlich vorgelagerten Inseln (Abb. 22–23).

20 Das dorische Kapitell: Nomenklatur

A Abakus
B Echinus
C Anuli
D Hypotrachelion (Säulenhals)

Dorischer Stufenbau und Säulenfuß
Die dorische Säule steht mit dem Säulenfuß unmittelbar auf dem Stylobat. Sie besitzt eine Entasis (Schwellung), ca. 16 Kanneluren, die scharfgratig aneinander stoßen, und in der Höhe eine Proportion von ca. 1: 6 (= unterer Säulendurchmesser : Höhe der Säule); sie ist also gedrungener als die ionische Säule (s. Abb. 50).

21 Dorischer Stufenbau und Säulenfuß

E Säule mit scharfgratigen Kanneluren
F Stylobat (Standfläche der Säulen)
G Krepis (dreistufiger Unterbau)
H Euthynterie (Ausgleichsschicht des Fundaments)
I Fundament

Literatur
Vitruv IV 3, 4.
EAA Atlante dei complessi figurati (1973) Taf. 290 s. v. ordini architettonici (M. Wegner)
G. Gruben, Griechische Tempel und Heiligtümer[5] (2001) 40f.

20

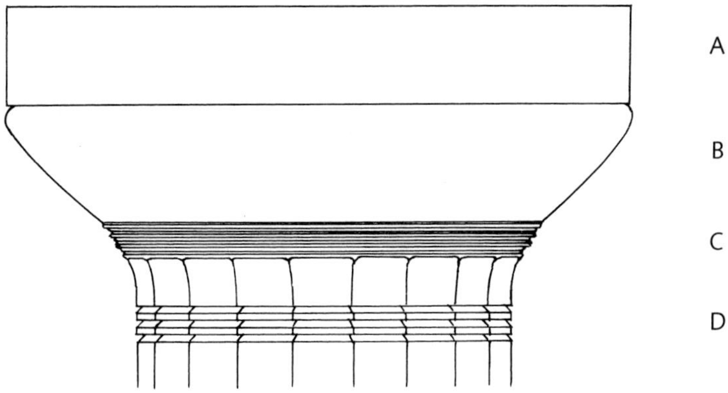

21

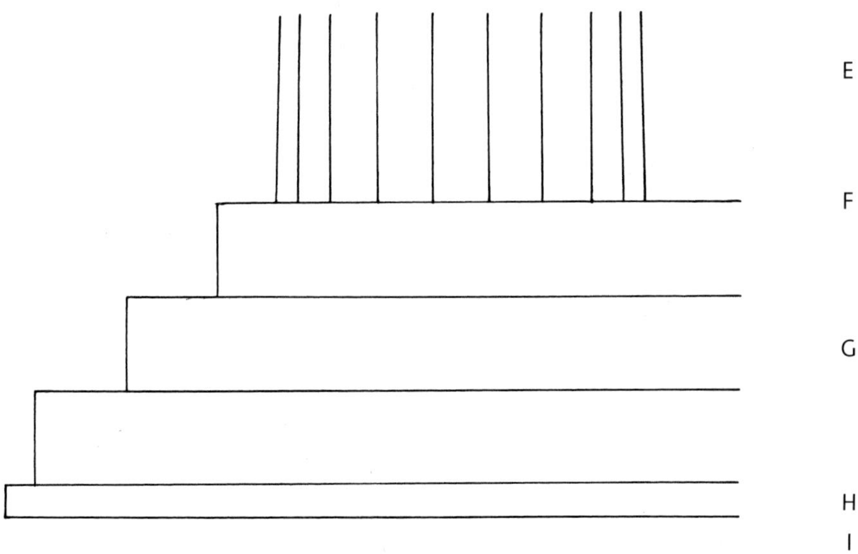

Das archaische und klassische dorische Kapitell (7.–4. Jh. v. Chr.)

Die frühen archaischen Kapitelle weisen einen flachen, kuchenförmigen Echinus auf (sog. Kuchenkapitelle, **22-24**), der sich im Laufe der Zeit wie ein Muskel mehr und mehr ›spannt‹ (**25-27**).

22 Delphi, Athena Pronaia-Tempel
(Ende 7. Jh. v. Chr.)

23 Korfu, Artemis-Tempel
(600–580 v. Chr.)

24 Paestum, Älterer Athena-Tempel (sog. Basilika)
(510–500 v. Chr.)

25 Ägina, Aphaia-Tempel
(um 500 v. Chr.)

26 Athen, Parthenon
(448–430 v. Chr.)

27 Epidauros, Rundtempel (Tholos)
(380 v. Chr.)

Literatur

EAA Atlante dei complessi figurati (1973) Taf. 291–298 s. v. ordini architettonici (M. Wegner)

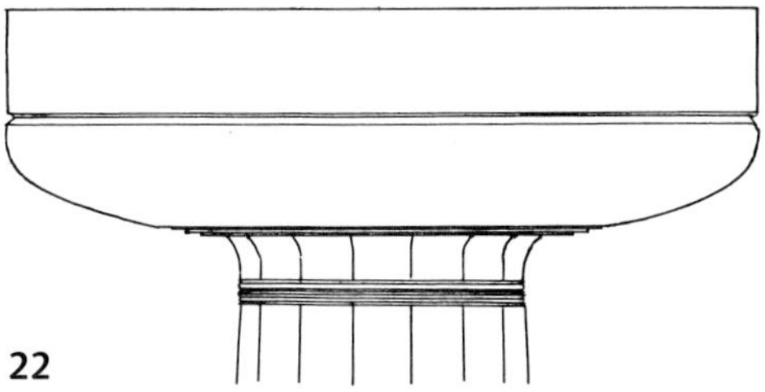
22

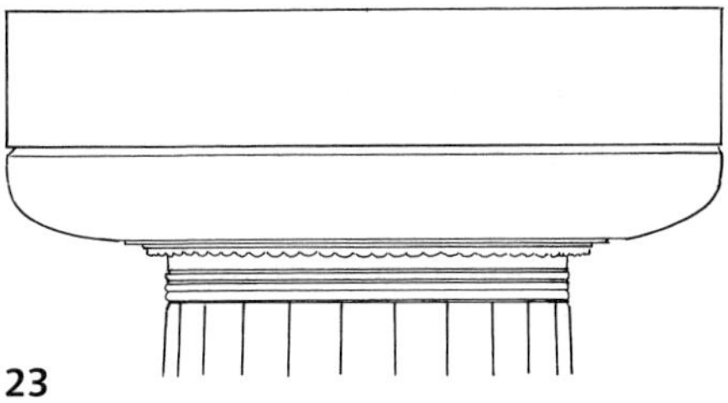
23

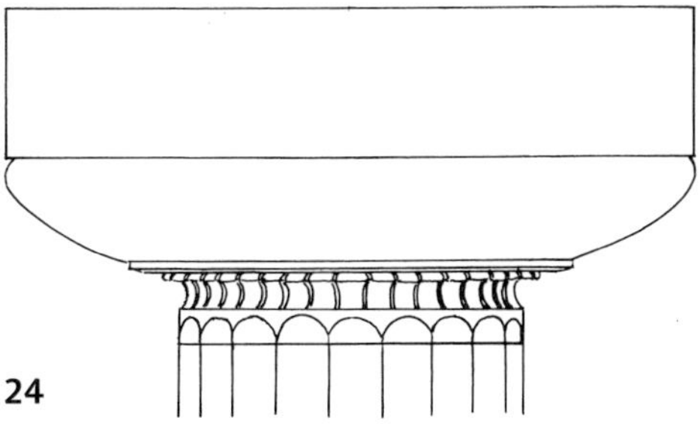
24

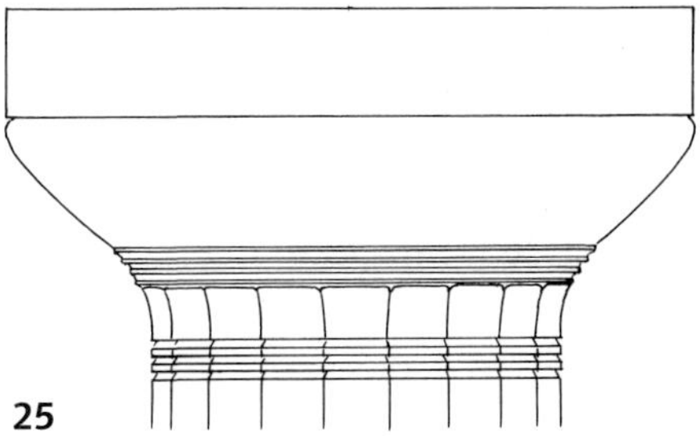
25

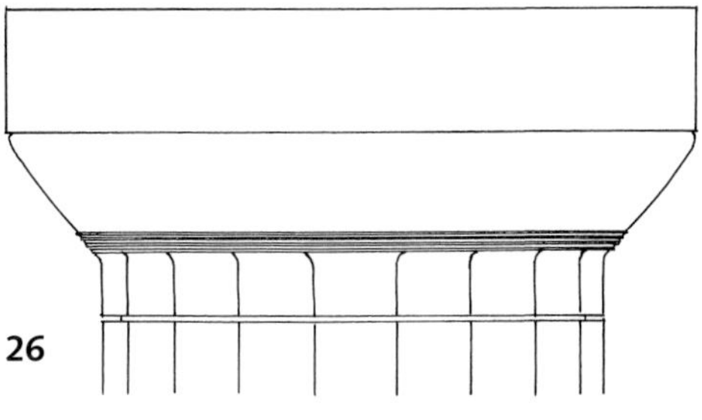
26

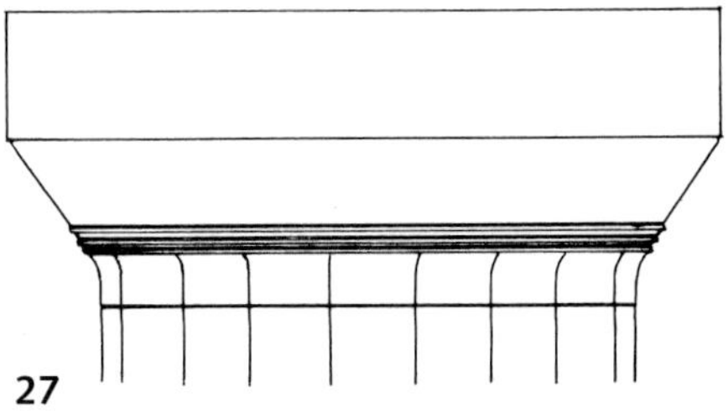
27

In der hellenistischen Zeit ›verkümmert‹ der Echinus schließlich zu einem kegelförmigen Stumpf (**28–31**). In der römischen Kaiserzeit setzt sich diese Entwicklung fort (**32**), gleichzeitig werden klassische Formen wiederaufgegriffen (**33**).

28 Thasos, Stoa
(um 300 v. Chr.)

29 Pergamon, Asklepieion
(Ende 3. Jh. v. Chr.)

30 Delos, Haus der Delphine
(um 150 v. Chr.)

31 Palestrina/Praeneste, Fortunaheiligtum
(100/80 v. Chr.)

32 Ephesos, sog. Neronische Halle
(um 50 n. Chr.)

33 Eleusis, Große Propyläen
(um 140 n. Chr.)

Literatur

EAA Atlante dei complessi figurati (1973) Taf. 291–298 s. v. ordini architettonici (M. Wegner)

Ch. Vasdaris, Das dorische Kapitell in der hellenistisch-römischen Zeit im östlichen Mittelmeerraum (1987)

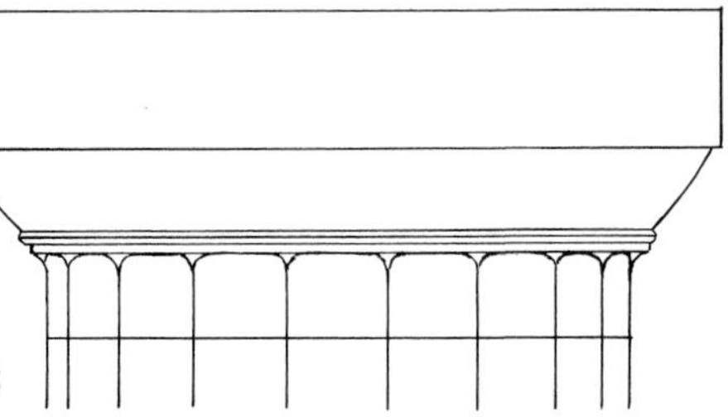

28

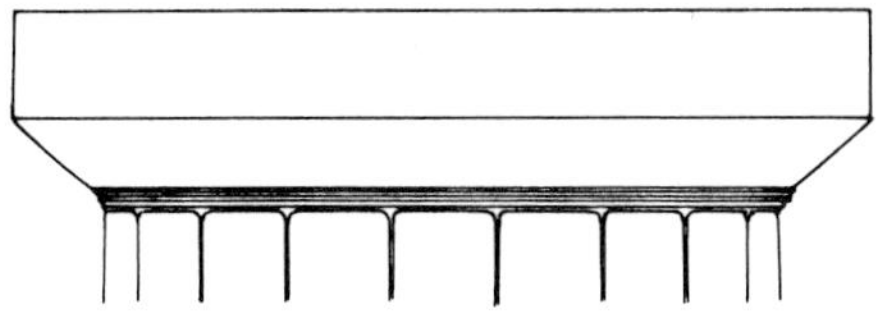

29

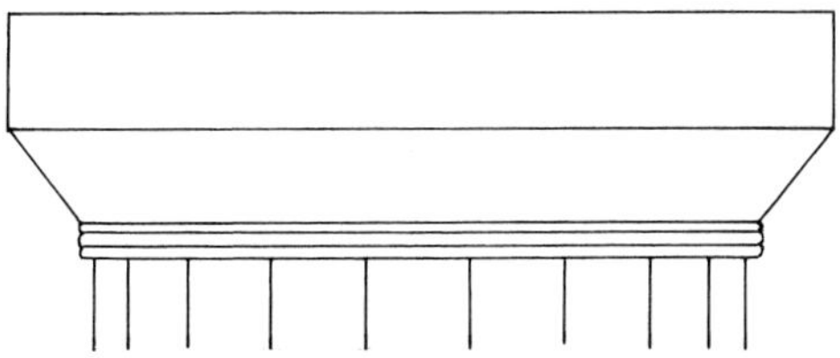

30

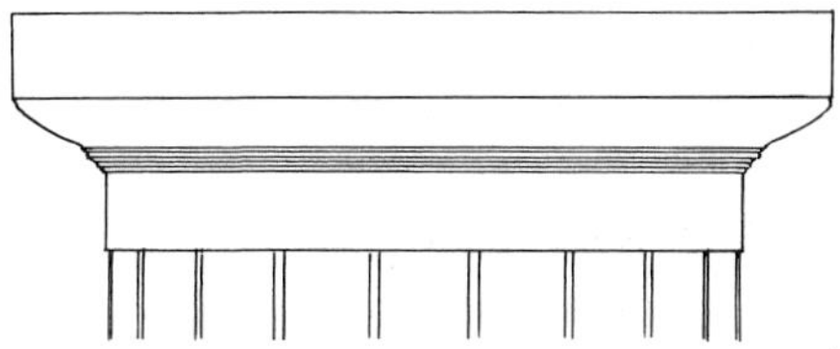

31

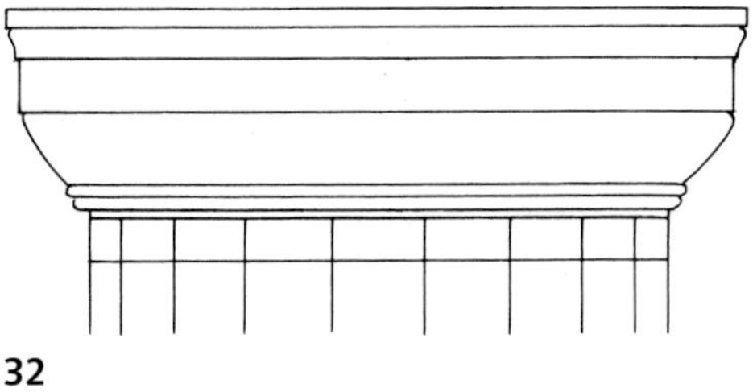

32

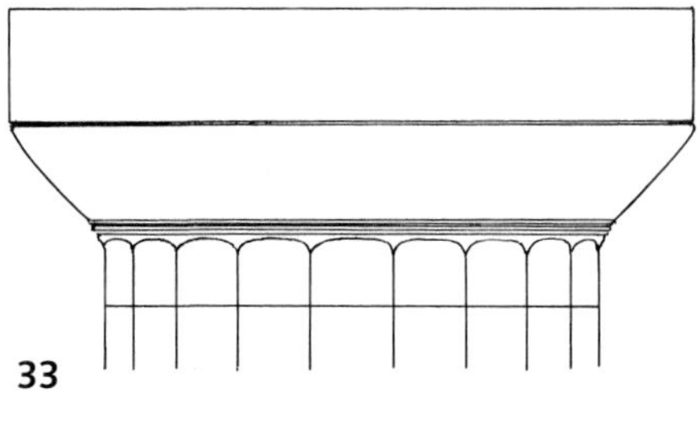

33

Das ionische Volutenkapitell entwickelt sich seit dem 7. Jh. v. Chr. – möglicherweise aus dem äolischen Pflanzenkapitell (Abb. 36) – in Kleinasien und auf den griechischen Inseln und breitet sich über den gesamten griechisch-römischen Kulturraum aus. Anders als das dorische und korinthische besitzt das ionische Kapitell eine Haupt- und eine Nebenansicht.

34 Das ionische Kapitell: Hauptansicht

35 Das ionische Kapitell: Seitenansicht

A Abakus (mit lesbischem Kyma, s. Abb. 97)
B Polster mit Voluten
C Canalis mit Saum
D Volutenauge (mit Rosette)
E Zwickelpalmette
F Echinus mit ionischem Kyma (Eierstab)
G Astragal/Perlstab (s. S. 82 f.)

H Polster
I Balteus (mit Blattkranzdekor)
K Polsterstirn

Literatur

Vitruv III 5, 5–8.
EAA Atlante dei complessi figurati (1973) Taf. 311 s. v. ordini architettonici (M. Wegner)

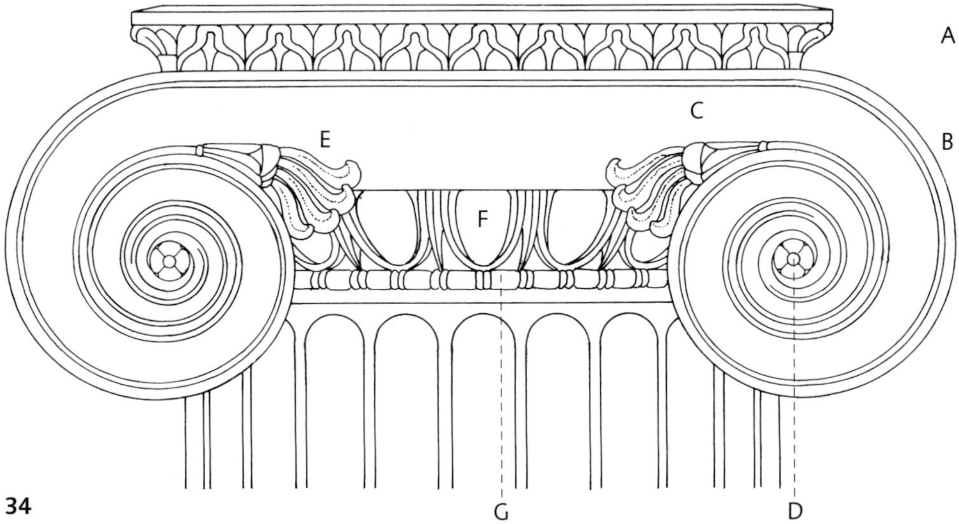

34

35

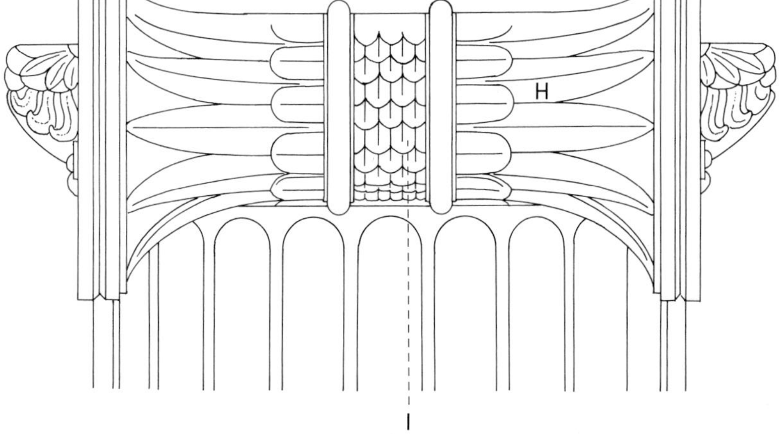

Wie die äolischen so besitzen auch frühe ionische Kapitelle weitausladende Voluten. Die Volutenaugen liegen weit außerhalb des Säulenschaftes (**37, 39**). Im Laufe der Zeit ›wandern‹ sie auf die Säulenmitte zu, die Voluten ›wachsen‹ in den Säulenschaft (**38**).

36 Neandria, Äolisches Kapitell
(540/30 v. Chr.)

37 Ephesos, Archaisches Artemision
(560/540 v. Chr.)

38 Paestum, Athena-Tempel
(510 v. Chr.)

39 Ephesos, Rosettenkapitell vom Artemision
(um 500 v. Chr.)

Literatur

EAA Atlante dei complessi figurati (1973) Taf. 316–350 s. v. ordini architettonici (M. Wegner)

W. Alzinger, Von der Archaik zur Klassik. Zur Entwicklung des ionischen Kapitells in Kleinasien während des fünften Jahrhunderts v. Chr., ÖJh 50, 1972–75, 169ff.

W. Kirchhoff, Die Entwicklung des jonischen Volutenkapitells im 6. und 5. Jhd. v. Chr. und seine Entstehung (1988)

G. Gruben, Griechische Tempel und Heiligtümer[5] (2001) 341ff.

36

37

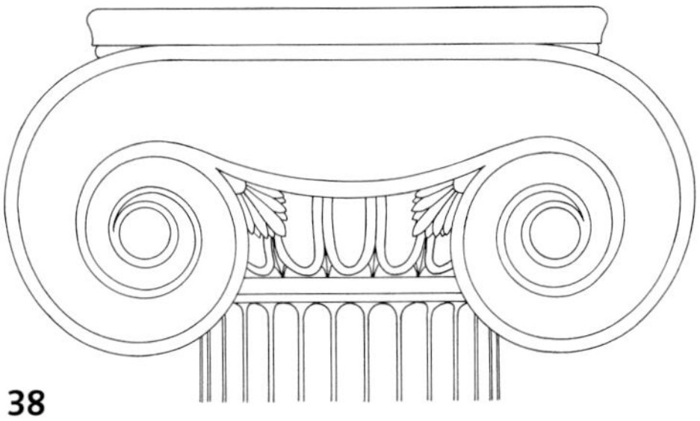

38

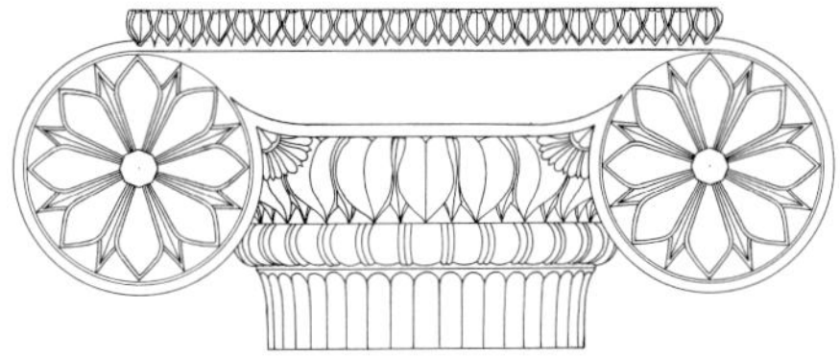

39

In klassischer Zeit ›verflacht‹ das Polster zunehmend (**40–41**). Die Volutenaugen ›wachsen‹ weiter auf die Säulenmitte zu, liegen aber noch außerhalb des Säulenschaftes (**42–44**).

40 Samos, Heraion (um 480 v. Chr.)

41 Athen, Akropolis, Propyläen (437–432 v. Chr.)

42 Halikarnassos, Mausoleum (um 350 v. Chr.)

43 Pergamon, Stoa des Athenaheiligtums (1. Hälfte 2. Jh. v. Chr.)

44 Pergamon, Großer Altar (1. Hälfte 2. Jh. v. Chr.)

Literatur

EAA Atlante dei complessi figurati (1973) Taf. 316–350 s. v. ordini architettonici (M. Wegner)

W. Alzinger, Von der Archaik zur Klassik. Zur Entwicklung des ionischen Kapitells in Kleinasien während des fünften Jahrhunderts v. Chr., ÖJh 50, 1972–75, 169 ff.

O. Bingöl, Das ionische Normalkapitell in hellenistischer und römischer Zeit in Kleinasien, 20. Beih. IstMitt (1980)

40

41

42

43

44

In Italien ›verflachen‹ die Polster in späthellenistisch-republikanischer Zeit zunehmend (**45–46**). In Griechenland wird oft auf klassische Vorbilder zurückgegriffen (**47**). Im spätantiken Rom entwickeln sich hybride Sonderformen (**48–49**).

45 Rom, Forum Boarium, Tempel der Iuno Sospita
(1. Hälfte 1. Jh. v. Chr.)

46 Rom, Marcellustheater
(Ende 1. Jh. v. Chr.)

47 Eleusis, Propyläen
(um 140 n. Chr.)

48 Ostia, Forumsthermen
(Ende 3. Jh. n. Chr.)

49 Rom, Forum Romanum, Saturntempel
(4. Jh. n. Chr.)

Literatur

EAA Atlante dei complessi figurati (1973) Taf. 316–350 s. v. ordini architettonici (M. Wegner)

O. Bingöl, Das ionische Normalkapitell in hellenistischer und römischer Zeit in Kleinasien, 20. Beih. IstMitt (1980)

45

46

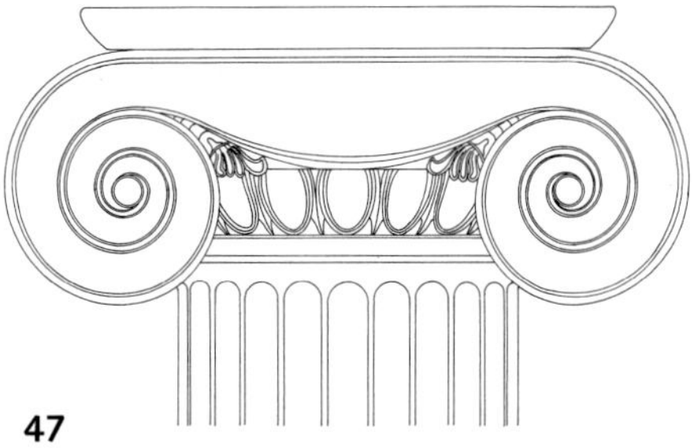

47

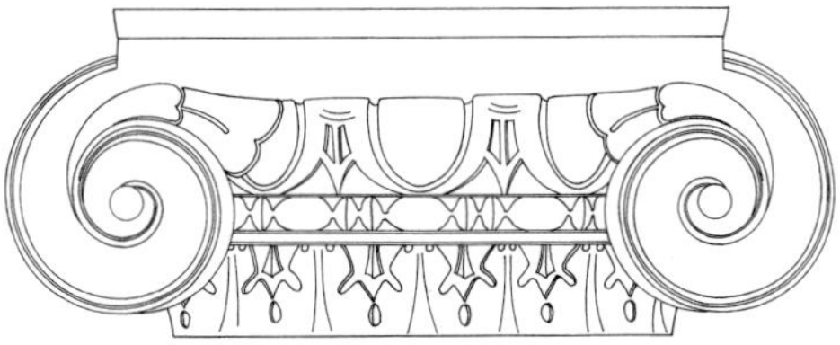

48

49

Anders als die dorische Säule steht die ionische immer auf einer Basis, diese auf einer Plinthe. Der Säulenfuß schwingt nach außen. Die Säule besitzt ca. 24 Kanneluren, die nicht scharfgratig aneinanderstoßen, sondern zwischen sich Stege bilden.

In der Höhe hat die Säule eine Proportion von ca. 1:10 (= unterer Säulendurchmesser : zu Höhe der Säule); sie ist also schmaler bzw. gestreckter als die dorische Säule (s. Abb. 21).

Bei den ionischen Basen unterscheidet man mehrere Varianten: Auf dem griechischen Festland entwickelt sich seit archaischer Zeit die sog. attische Basis (Torus-Trochilus-Torus, **50**), in Kleinasien die sog. kleinasiatische Basis (Torus-Spira [mehrfacher Trochilus], **51**). Im südöstlichen Mittelmeer entwickelt sich seit dem Hellenismus die Sonderform der sog. alexandrinischen Pflanzenbasis (**52**).

Basisformen im griechischen Osten unterscheiden sich von solchen im italisch-römischen Westen: Im Osten bleibt der obere Torus hinter der senkrechten Flucht der Scotia (= Oberkante des Trochilus, **53**) zurück, im Westen lädt der obere Torus über die Flucht der Scotia aus (**54**).

50 attische Basis

Schaft A Kanneluren mit Stegen
B Säulenfuß

Basis C Torus (Wulst)
D Scotia (Leiste)
E Trochilus (Kehle)
F Torus (Wulst)
G Plinthe

51 kleinasiatische Basis

H Torus
I Spira (doppelter Trochilus)

52 alexandrinische Pflanzenbasis

53 Athen, Erechtheion: attische Basis griechischen Typs
(Ende 5. Jh. v. Chr.)

54 Rom, Forum Boarium, Rundtempel: attische Basis römischen Typs
(um 100 v. Chr.)

Literatur

Vitruv III 5, 1-4

L.T. Shoe, The Geographical Distribution of Greek and Roman Ionic Bases, Hesperia 38, 1969, 186 ff.

E. Makowiecka, Acanthus-base. Alexandrian Form of Architectural Decoration at Ptolemaic and Roman Period, Etudes et Travaux III (1969) 116 ff.

EAA Atlante dei complessi figurati (1973) Taf. 312, 354–356 s. v. ordini architettonici

H. Knell, Vitruvs Architekturtheorie[2] (Darmstadt 1991) 101 ff.

B. Wesenberg, Kapitelle und Basen. Beobachtungen zur Entstehung der griechischen Säulenformen, 32. Beih. BJb 32 (1971)

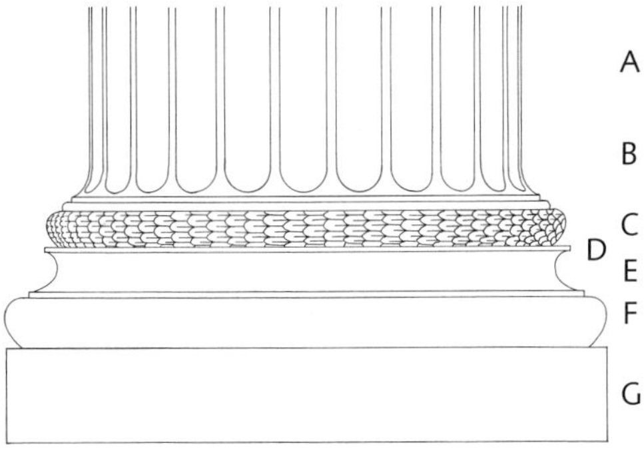

50

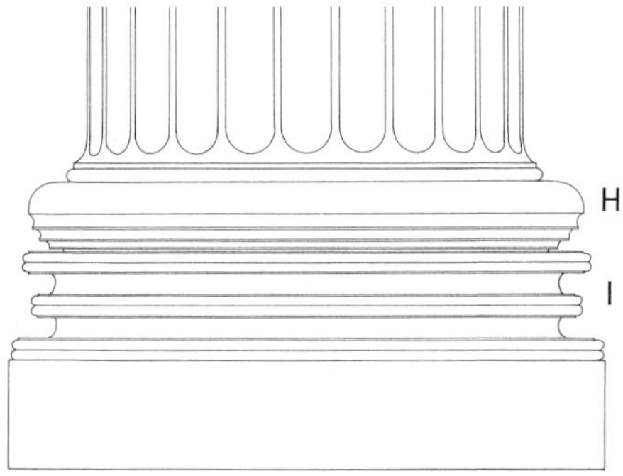

51

52

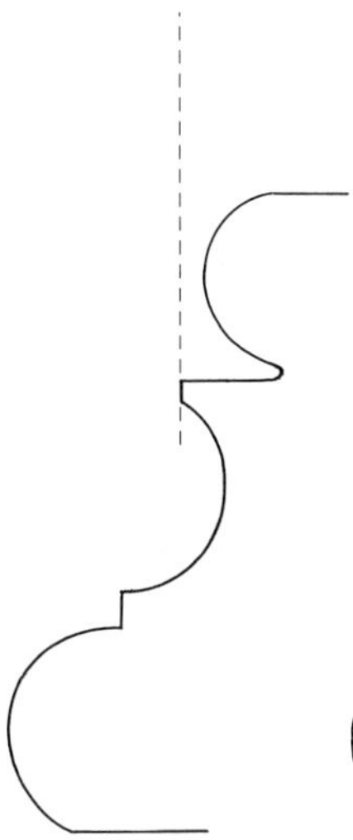

53

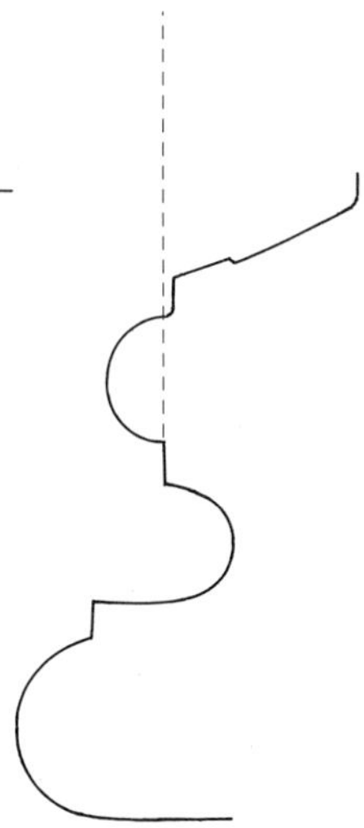

54

Vitruv IV 1, 9–10 erklärt die Entstehung des korinthischen Kapitells

9. Eius autem capituli prima inventio sic memoratur esse facta. Virgo civis Corinthia iam matura nuptiis inplicata morbo decessit. Post sepulturam eius, quibus ea virgo viva poculis delectabatur, nutrix collecta et conposita in calatho pertulit ad monumentum et in summo conlocavit, et, uti ea permanerent diutius subdiu, tegula texit. Is calathus fortuito supra acanthi radicem fuerat conlocatus. Interim pondere pressa radix acanthi media folia et cauliculos circum vernum tempus profudit, cuius cauliculi secundum calathi latera crescentes et ab angulis tegulae ponderis necessitate expressi flexuras in extremas partes volutarum facere sunt coacti.

9. Die erste Erfindung des Kapitells dieser Bauweise soll so vor sich gegangen sein: Eine jungfräuliche korinthische Bürgerin, schon für die Vermählung reif, wurde krank und starb. Nach ihrem Begräbnis sammelte ihre Amme die Spielsachen, an denen diese Jungfrau zu ihren Lebzeiten Gefallen gehabt hatte, legte sie in einen Korb, trug ihn zu dem Grabmal, setzte ihn oben darauf und legte, damit sich die Sachen unter freiem Himmel länger hielten, über den Korb einen Ziegel. Dieser Korb war zufällig über eine Bärenklauwurzel gesetzt. Mittlerweile, durch das Gewicht niedergedrückt, trieb in der Frühlingszeit die Bärenklauwurzel in der Mitte Blätter und Stengel. Ihre Stengel wuchsen an den Seiten des Korbes empor, wurden jedoch von den Ecken des Ziegels durch dessen Gewicht nach außen gedrängt und gezwungen, sich nach außen umzubiegen und an den Enden einzurollen.

10. Tunc Callimachus, qui propter elegantiam et subtilitatem artis marmoreae ab Atheniensibus κατατηξιτεχνος fuerat nominatus, praeteriens hoc monumentum animadvertit eum calathum et circa foliorum nascentem teneritatem, delectatusque genere et formae novitate ad id exemplar columnas apud Corinthios fecit symmetriasque constituit.

10. Damals bemerkte Kallimachos, der wegen seiner geschmackvollen und schönen Marmorarbeiten von den Athenern »Katatexitechnos« genannt worden war, beim Vorübergehen an diesem Grabmal diesen Korb und die ringsherum sprossenden zarten Blätter, und, bezaubert von der Art und Neuigkeit der Form, schuf er nach diesem Vorbild die Säulen bei den Korinthern und legte ihre Symmetrien fest.

55 Kallimachos erfindet das korinthische Kapitell
aus: Roland Fréart de Chambray, Parallèle de l'architecture antique avec la moderne (1650) 63

Literatur

C. Fensterbusch (Hrsg.), Vitruv. Zehn Bücher über Architektur^{5} (Darmstadt 1991) 172 f.
G. Germann, Einführung in die Geschichte der Architekturtheorie^{3} (Darmstadt 1993) 27 f.

55

56 Das korinthische Normalkapitell: Nomenklatur

A Abakus
B Abakusblüte
C Volute
D Helix
E Stützstengel
F Kalathos
G Hüllkelch
H Caulisknoten
I Caulis
K Hochblatt
L Kranzblatt

Literatur

Vitruv IV 1

H. Kähler, Die römischen Kapitelle des Rheingebietes, RGF 13 (1939) 2 ff.

W.-D. Heilmeyer, Korinthische Normalkapitelle. Studien zur Geschichte der römischen Architekturdekoration, 16. Ergh. RM (1970) 12 ff.

EAA Atlante dei complessi figurati (1973) Taf. 357 s. v. ordini architettonici (M. Wegner)

K. S. Freyberger, Stadtrömische Kapitelle aus der Zeit von Domitian bis Alexander Severus (1990) Beil. I

B
A
C
D
E
F
G
H
I
K
L

Das griechische korinthische Kapitell – Klassik und Hellenismus

In der Architektur läßt sich das früheste Beispiel eines korinthischen Kapitells am Apollon-Tempel in Phigalia/Bassai auf der Peloponnes nachweisen (**57**). Über verschiedene Varianten (**58–60**) bildet sich ein Typus aus, der zusammen mit in Italien und Sizilien entwickelten Formen (Abb. 61–64) zum kanonischen römischen sog. Normalkapitell führt (Abb. 56, 66).

57 Bassai, Apollon-Tempel
(Ende 5. Jh. v. Chr.)

58 Tegea, Athenatempel
(Mitte 4. Jh. v. Chr.)

59 Epidauros, Asklepieion
(360–320 v. Chr.)

60 Athen, Olympieion
(um 175 v. Chr.)

Literatur

EAA Atlante dei complessi figurati (1973) Taf. 359–378 s. v. ordini architettonici (M. Wegner)

H. Bauer, Korinthische Kapitelle des 4. und 3. Jahrhunderts v. Chr., 3. Ergh. AM (1973)

57

58

59

60

In Mittel- und Unteritalien sowie auf Sizilien entwickeln sich seit dem 3. Jh. v. Chr. Sonderformen des sog. italischen bzw. sikeliotischen Kapitells. Besonders charakteristisch sind das Material (weicher Tuff) und die fleischige Gestaltung der Blattformen (sog. *acanthus mollis*).

61 Syrakus
(1. Hälfte 3. Jh. v. Chr.)

62 Falerii Novi
(nach 241 v. Chr.)

63 Pompeji, Basilika
(ca. 150–125 v. Chr.)

64 Pompeji, Casa del Fauno
(um 100 v. Chr.)

Literatur

H. Lauter-Bufe, Die Geschichte des sikeliotisch-korinthischen Kapitells. Der sogenannte italisch-republikanische Typus (1987)

M. Pfanner, Über das Herstellen von Porträts, JdI 104, 1989, 157 ff.

61

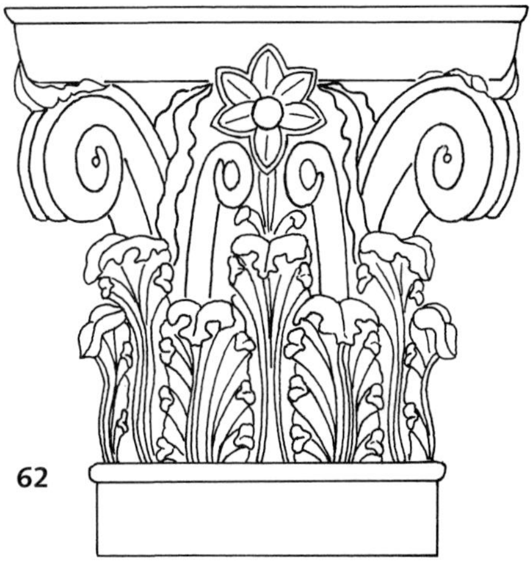

62

63

64

Aus den einerseits in Griechenland (Abb. 57–60), andererseits in Mittel- und Süditalien entwickelten Formen (Abb. 61–64) konstituiert sich in Rom in augusteischer Zeit (Ende 1. Jh. v. Chr.) das sog. korinthische Normalkapitell (Abb. 56, **66**) mit fest definierten Proportionen, die schon bei Vitruv überliefert sind: Der untere Durchmesser ist gleich der Höhe des Kapitells ohne Abakus. Das Kranzblatt nimmt ein Drittel der Kapitellhöhe ein, das Hochblatt zwei Drittel.

Die kanonische Form des Normalkapitells bleibt in der Folgezeit in zahlreichen regionalen Varianten im gesamten römischen Reich verbindlich. Dabei wird die Proportion des Kapitells im Lauf der Zeit gestreckter (**67**), der Caulis wird – besonders im östlichen Mittelmeerraum – zu einem schiffsbugförmigen Prisma reduziert, die Voluten und Helices werden zunehmend flach unter den Abakus gedrückt, einzelne Blattformen werden schärfer und tiefer unterschnitten (**67**). Daneben wird auf frühere Vorbilder zurückgegriffen, sodaß manchmal eine zeitliche Zuordnung in der Forschung strittig ist (**68**).

65 Rom, Apollo Sosianus-Tempel: Vorläufer des korinthischen Normalkapitells
(3. Viertel 1. Jh. v. Chr.)

66 Rom, Mars Ultor-Tempel: kanonische Form des korinthischen Normalkapitells
(vor 2 v. Chr.)

67 Euromos, Zeustempel: kleinasiatisches korinthisches Kapitell
(120–130 n. Chr.)

68 Rom, Konstantinsbogen: Rückgriff auf klassizistische (hadrianische) Vorbilder?
(120–135 n. Chr. bzw. 313–315 n. Chr.)

Literatur

Vitruv IV 1

W.-D. Heilmeyer, Korinthische Normalkapitelle. Studien zur Geschichte der römischen Architekturdekoration, 16. Ergh. RM (1970)

EAA Atlante dei complessi figurati (1973) Taf. 359–378 s. v. ordini architettonici (M. Wegner)

M. Pfanner, Über das Herstellen von Porträts, JdI 104, 1989, 157 ff.

K. S. Freyberger, Stadtrömische Kapitelle aus der Zeit von Domitian bis Alexander Severus (1990)

65

66

67

68

Das Kompositkapitell ist aus dem korinthischen und dem ionischen Kapitell zusammengesetzt. Im Gegensatz zum ionischen Kapitell ist es allansichtig. Es ist mit seiner hybriden Form und seinem reichen Dekor Ausdruck vor allem ›barocker‹ Epochen der römischen Kunst und in Rom besonders in flavischer und severischer Zeit beliebt (**70, 72**). In Kleinasien sind im 2. Jh. v. Chr. Kompositkapitelle mindestens ebenso häufig wie korinthische Kapitelle (**71**).

69 Pompeji, Palästra
(Ende 1. Jh. v. Chr.)

70 Rom, Titusbogen
(nach 81 n. Chr.)

71 Aizanoi, Zeustempel
(120–130 n. Chr.)

72 Rom, Septimius Severus-Bogen
(203 n. Chr.)

Literatur

EAA Atlante dei complessi figurati (1973) Taf. 379–384 s. v. ordini architettonici (M. Wegner)

K. S. Freyberger, Stadtrömische Kapitelle aus der Zeit von Domitian bis Alexander Severus (1990) 108 ff. Beil. II

69

70

71

72

Das Blattkelchkapitell ist besonders im griechischen Osten verbreitet.

73 Delphi, Schatzhaus der Massilioten (535–525 v. Chr.)
74 Athen, Attalosstoa (um 150 v. Chr.)

Literatur
Ch. Börker, Blattkelchkapitelle. Untersuchungen zur kaiserzeitlichen Architekturornamentik in Griechenland (1965)
EAA Atlante dei complessi figurati (1973) Taf. 310 s. v. ordini architettonici (M. Wegner)
P. Liljenstolpe, The Roman Blattkelch Capital. Typology, Origin and Aspects of Employment, OpRom 22/23, 1997/98, 91 ff.
W. Hoepfner, Innenraum-Kapitelle, IstMitt 43, 1993, 417 ff.

Das nabatäische Kapitell wird meist als geometrisierte bzw. abstrahierte Form des korinthischen Kapitells erklärt. Es ist ausschließlich im nabatäischen Einflußgebiet im vorderen Orient vom 1. Jh. v. Chr. bis in das 2. Jh. n. Chr. nachzuweisen.

75 Nabatäisches Kapitell, Typ 1
76 Nabatäisches Kapitell, Typ 2

Literatur
A. Grohmann, Arabien. Kulturgeschichte des Alten Orients III 4 (1963) 26 ff. Abb. 4
A. Schmidt-Colinet, The Mason's Workshop in Hegra, in: A. Hadidi (Hrsg.), Studies in the History and Archaeology of Jordan III (1987) 143 ff.
ders., Zur nabatäischen Felsnekropole von Hegra, AW 18/4, 1987, 29 ff.
J. McKenzie, The Architecture of Petra, Brit. Academy Monographs in Archaeology 1 (1990)

Das tuskanische Kapitell ist eine in Mittelitalien nach dem Vorbild des dorischen Kapitells entwickelte Sonderform.

77 Rom, Kolosseum (um 80 n. Chr.)

Literatur
EAA Atlante dei complessi figurati (1973) Taf. 303–306 s. v. ordini architettonici (M. Wegner)

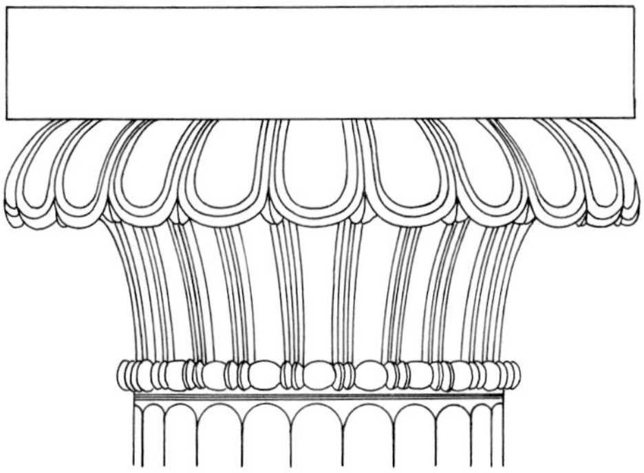

73

74

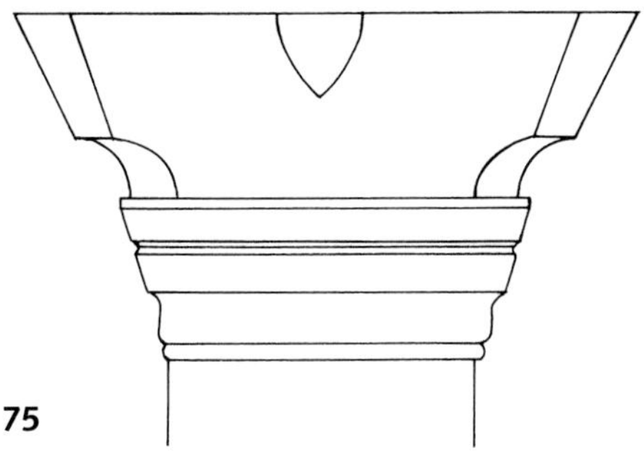

75

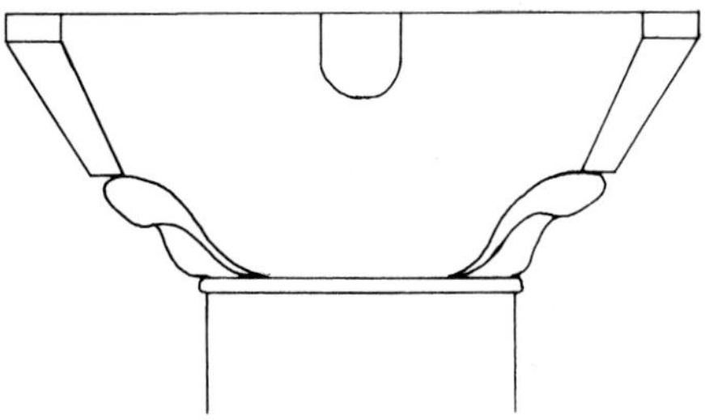

76

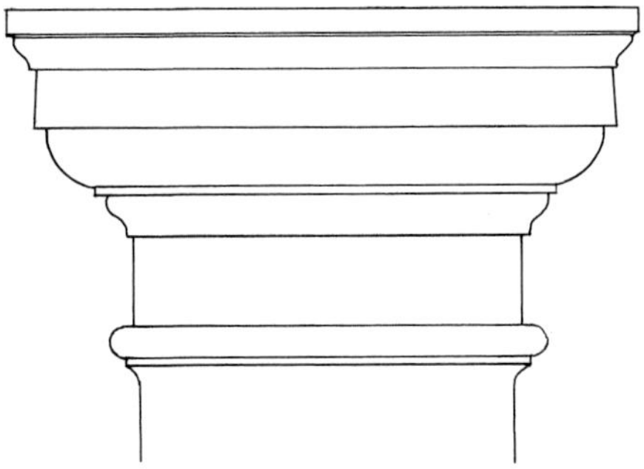

77

Profanbauten

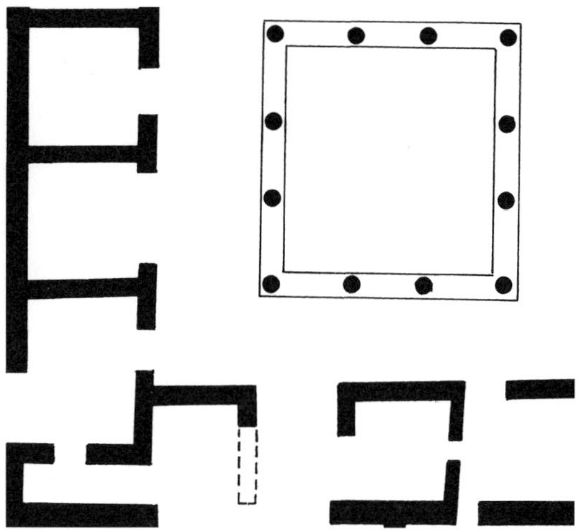

Hallenbauten

78 **Athen, Attalosstoa:** Griechische Stoa
(um 150 v. Chr.)

79 **Pompeji, Marktbasilika:** Römische Basilica
(ca. 130–120 v. Chr.)

Literatur
Vitruv V 1
K. Ohr, Die Basilika in Pompeji (1973)
J. J. Coulton, The Architectural Development of the Greek Stoa (1976)
H. Lauter, Bemerkungen zur späthellenistischen Baukunst in Mittelitalien, JdI 94, 1979, 390ff.
H. Knell, Vitruvs Architekturtheorie[2] (Darmstadt 1991) 117ff.
A. Nünnerich-Asmus, Basilika und Portikus (1994)

Römische ›Kaiserthermen‹

Charakteristisch für den sog. Großen Kaisertypus der römischen Thermen ist die axialsymmetrische Anordnung der Räume (s. auch: Das römische Haus, Abb. 85).

80 **Rom, Caracallathermen**
(Anfang 3. Jh. n. Chr.)

A Apodyterium (Umkleideraum)
F Frigidarium (Raum mit Kaltwasserbecken)
T Tepidarium (Raum mit Becken mit lauwarmem Wasser)
C Caldarium (Raum mit Warmwasserbecken)
N Natatio (Schwimmbecken)
P Palästra
Z Zisterne

Literatur
Vitruv V 10
D. Krencker – E. Krüger, Die Trierer Kaiserthermen (1929)
H. Manderscheid, Bibliographie zum römischen Badewesen unter besonderer Berücksichtigung der öffentlichen Thermen (1988)
E. Brödner, Die römischen Thermen und das antike Badewesen (Darmstadt 1992)
H. Manderscheid, Ancient Baths and Bathing: a Bibliography for the Years 1988–2001, JRA Suppl. 55 (2004)

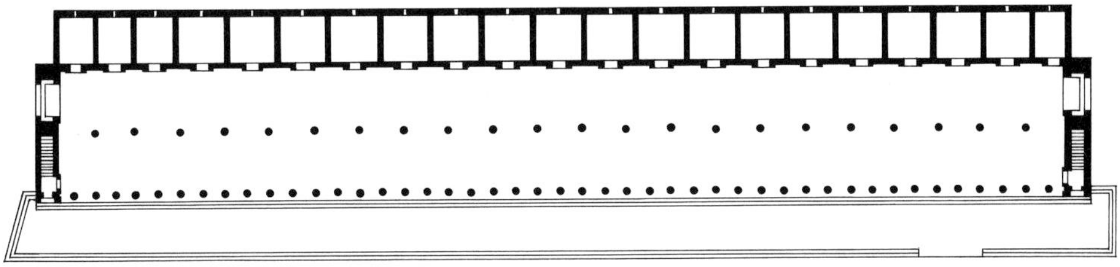

78

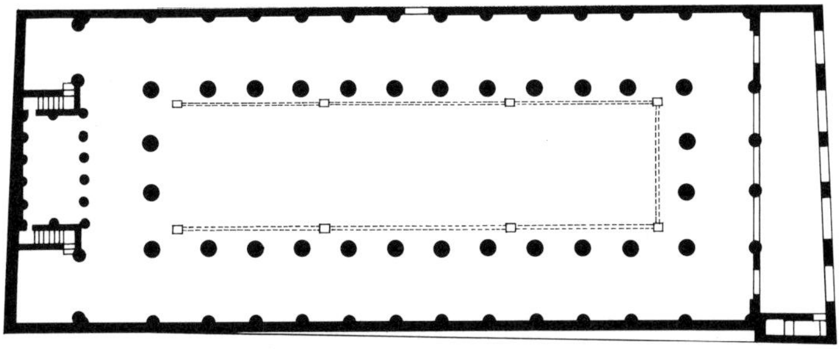

79

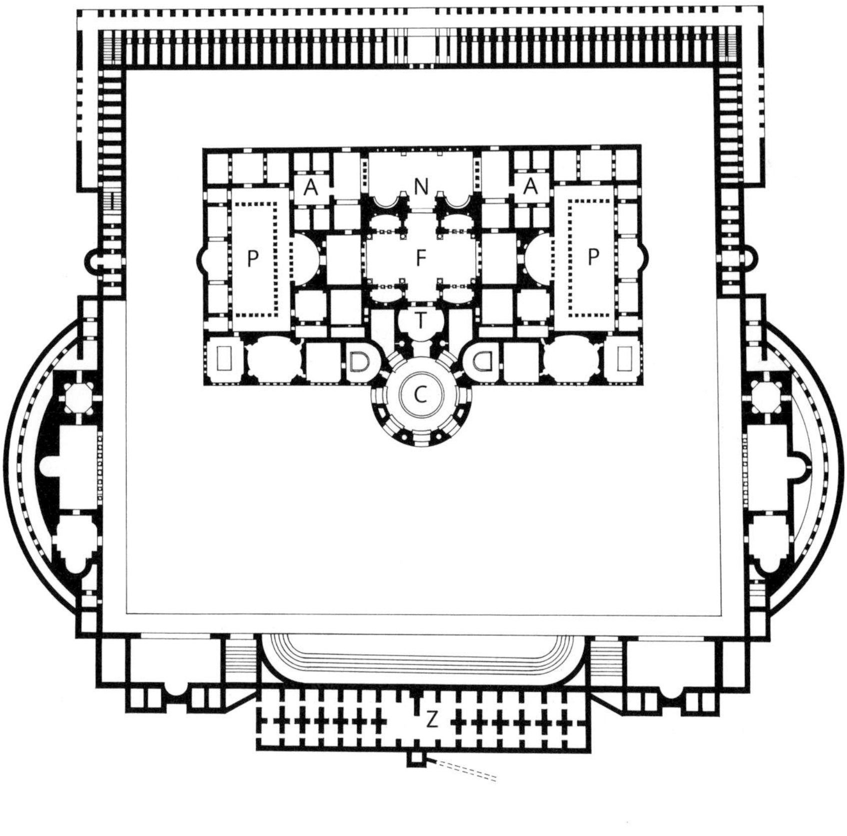

80

Das griechische Theater ist in den Hang gebaut und benötigt daher keine Substruktionen. Das Koilon bildet mehr als einen Halbkreis und ist nicht mit der Skene verbunden. Diese ist ein eingeständiger Bau und niedriger als das Koilon. Die Orchestra ist kreisrund.

81 Epidauros, Theater (Anf. 3. Jh. v. Chr.)

A Skene (Bühnengebäude)
B Orchestra (Tanzplatz/Spielfläche für den Chor)
C Koilon (Sitzreihen)
D Diazoma (Gang, ›Gürtel‹)
E Parodos (Zugang)

Das römische Theater steht frei und ist über Substruktionen errichtet, die eine monumentale Fassadenarchitektur ermöglichen. Die *cavea* bildet einen Halbkreis und ist mit der Bühnenwand zu einem auch in der Höhe einheitlichen Bau verklammert. Die *scaenae frons* besitzt meistens drei Bühnenzugänge, von denen der mittlere als *porta regia* bezeichnet wird; die Bühnenwand ist als mehrstöckige, reichdekorierte Architekturfassade gestaltet.

82 Rom, Marcellustheater (Ende 1. Jh. v. Chr.)

A scaenae frons (Bühnenwand)
B orchestra
C cavea (Sitzreihen): ima cavea (untere cavea), summa cavea (obere cavea), porticus in summa cavea (Säulengang oberhalb der cavea)
D praecinctio
E pulpitum (Bühnenpodest)

Literatur

Vitruv V 6–9
E. R. Fiechter, Die baugeschichtliche Entwicklung des antiken Theaters (1914)
M. Bieber, The History of the Greek and Roman Theatre (1961)
D. De Bernardi Ferrero, Teatri Classici in Asia Minore I–IV (1966–74)
C. Schwingenstein, Die Figurenausstattung des griechischen Theatergebäudes (1977)
M. Fuchs, Untersuchungen zur Ausstattung römischer Theater in Italien und den Westprovinzen des Imperium Romanum (1987)
H. Knell, Vitruvs Architekturtheorie^2 (Darmstadt 1991) 128 ff.

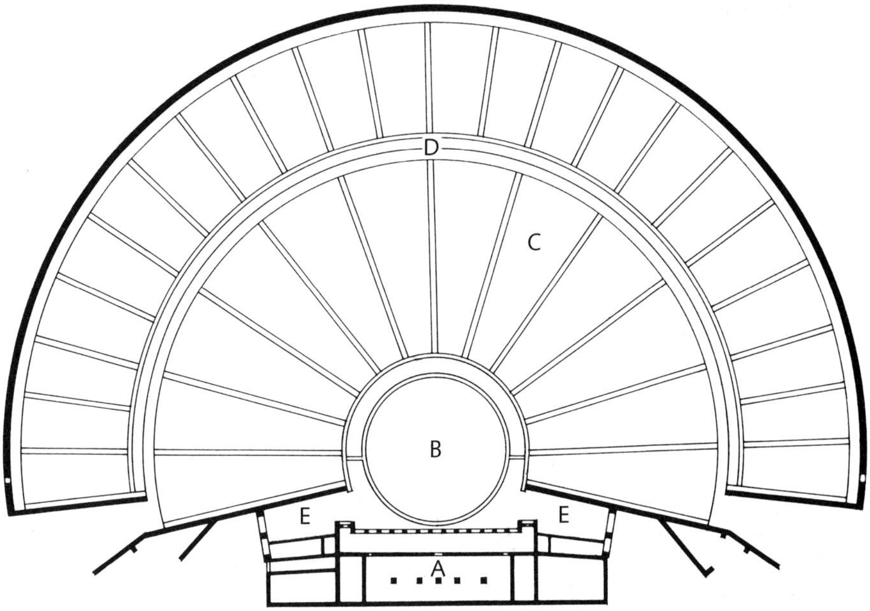

81

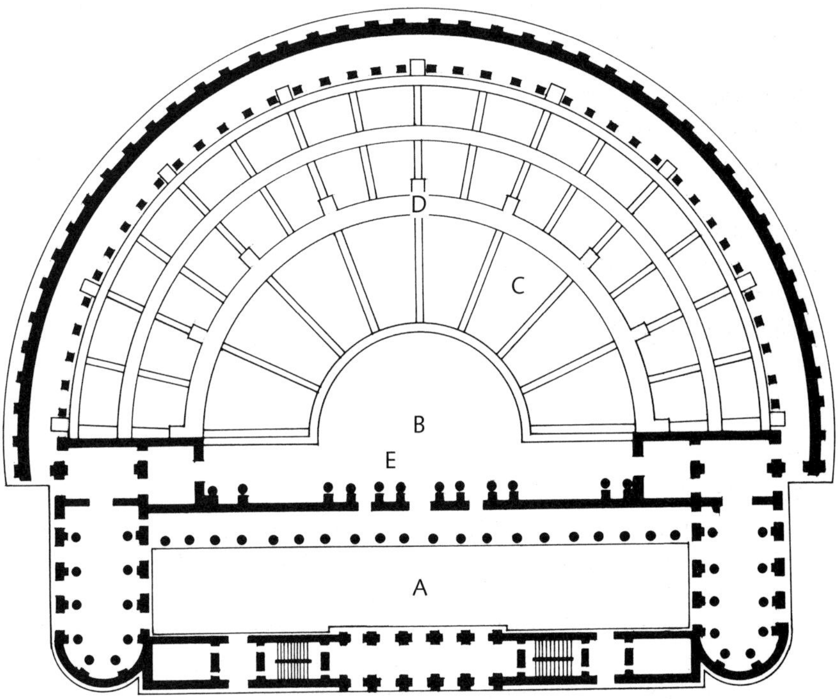

82

Das Megaron ist eine der Grundformen frühgriechischer Architektur.

83 Tiryns, Megaron I (14./13. Jh. v. Chr.)

Literatur
H. Drerup, Griechische Architektur zur Zeit Homers, AA 1964, 180ff.

Das griechisch-hellenistische Peristylhaus
Kernbereich des griechisch-hellenistischen Hauses ist der Peristylhof (Säulenhof), auf den sich alle Räume öffnen.

84 Delos, Haus der Kommödianten (2./1. Jh. v. Chr.)

Literatur
Ph. Bruneau – J. Ducat, Guide de Delos[3] (1983)
E. Walter-Karydi, Die Nobilitierung des Wohnhauses. Lebensform und Architektur im spätklassischen Griechenland (1994)

Das römische Atriumhaus
Kernbereich des römischen Hauses ist das Atrium. Unter seiner Dachöffnung liegt das Impluvium (Becken zur Aufnahme des Regenwassers). Der Grundriß ist durch axiale Symmetrie einer festgelegten Raumabfolge bestimmt (s. auch: Die ›Kaiserthermen‹, Abb. 80).

85 Grundrißschema
A Vestibulum (Garderobe)
B Fauces (»Schlund«, »Rachen«, Eingang)
C Atrium
D Impluvium (Wasserbecken)
E Tablinum (Hauptraum)
F Ala (»Flügel«-Raum)
G Cubiculum (›Schlaf-‹ und ›Wohnzimmer‹)
H Peristylium (Säulenhof)
I Exedra

Literatur
Vitruv VI 3
F. Reutti (Hrsg.), Die römische Villa (Darmstadt 1990)
H. Knell, Vitruvs Architeturtheorie[2] (Darmstadt 1991) 147ff.
A. Wallace-Hadrill, Houses and Society in Pompeii and Herculaneum (1994)

allgemein auch:
W. Hoepfner (Hrsg.), Geschichte des Wohnens 1. 5000 v. Chr.–500 n. Chr. Vorgeschichte – Frühgeschichte – Antike (1999)

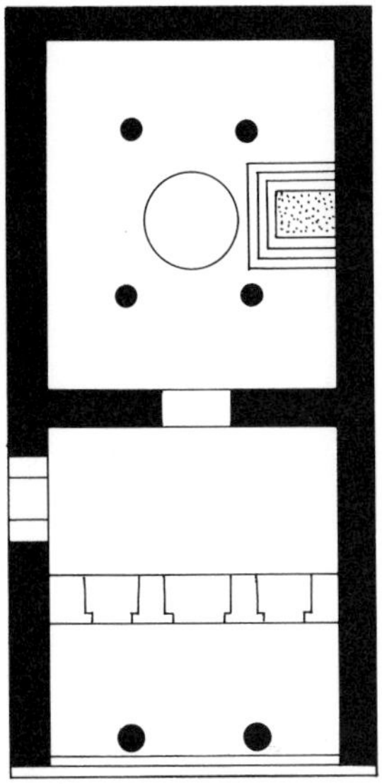

83

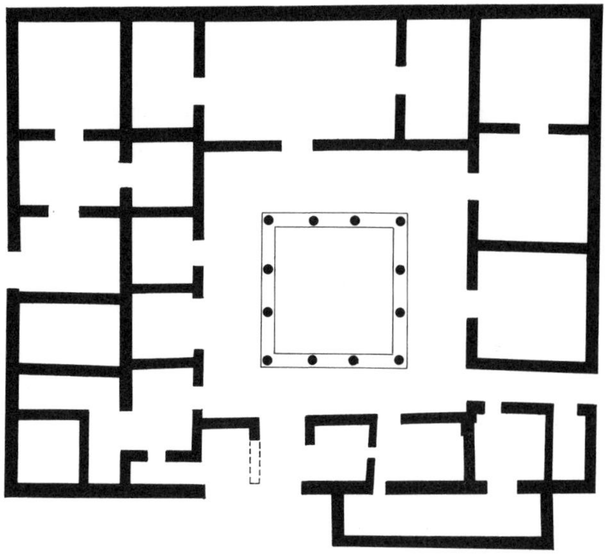

84

85

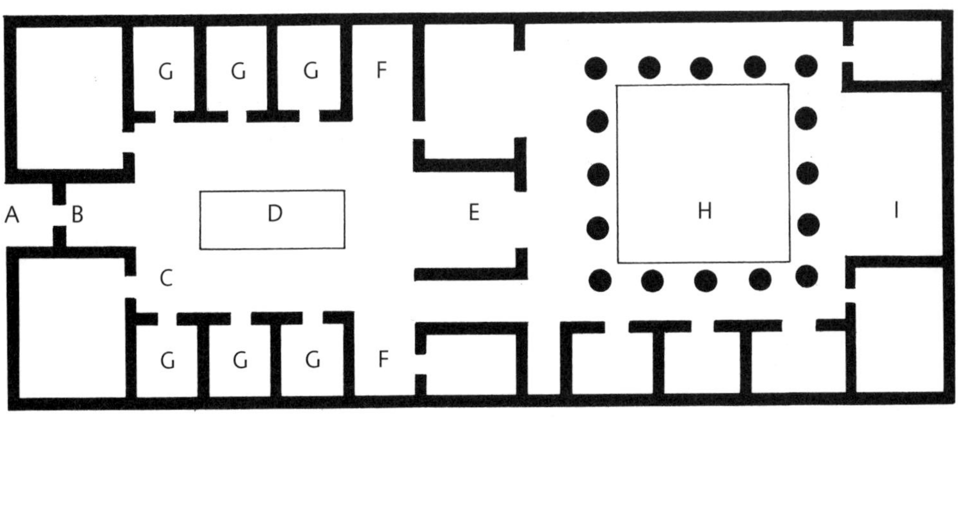

Das Mausoleum von Halikarnass mit seinem reichen Skulpturenschmuck galt in der Antike als eines der Sieben Weltwunder und war als Bautypus prägend für spätere Grabbauten. Die nur spärlich erhaltenen Architekturteile des Baus haben in Details zu unterschiedlichen Rekonstruktionen geführt.

86 Halikarnassos (heute Bodrum), Grabmal des Mausolos (Mausoleum) (um 350 v. Chr.)

Literatur

K. Jeppesen, Zur Gründung und Baugeschichte des Maussolleions von Halikarnassos, IstMitt 27/28, 1977/78, 169 ff.

W. Hoepfner, Zum Maussolleion von Halikarnassos, AA 1996, 95 ff.

86

In Rom greifen die kaiserlichen Mausoleen auf unterschiedliche Traditionen zurück. Augustus schließt sich an die italische Form der Tumulusgräber an (**87**); Maxentius greift auf die im hadrianischen Pantheon vorgegebene Sakralarchitektur zurück, die eine tempelartige Vorhalle mit einem runden Zentralbau verbindet (**88–89**).

87 Rom, Augustusmausoleum
(um 27 v. Chr.)

88 Rom, Via Appia, Mausoleum des Maxentius
89 (vor 312 n. Chr.)

Literatur

M. Eisner, Zur Typologie der Mausoleen des Augustus und des Hadrian, RM 86, 1979, 319 ff.

J. J. Rasch, Das Maxentius-Mausoleum an der Via Appia in Rom (1984)

H. von Hesberg, Römische Grabbauten (Darmstadt 1992)

H. von Hesberg – S. Panciera, Das Mausoleum des Augustus, AbhMünchen 108 (1994)

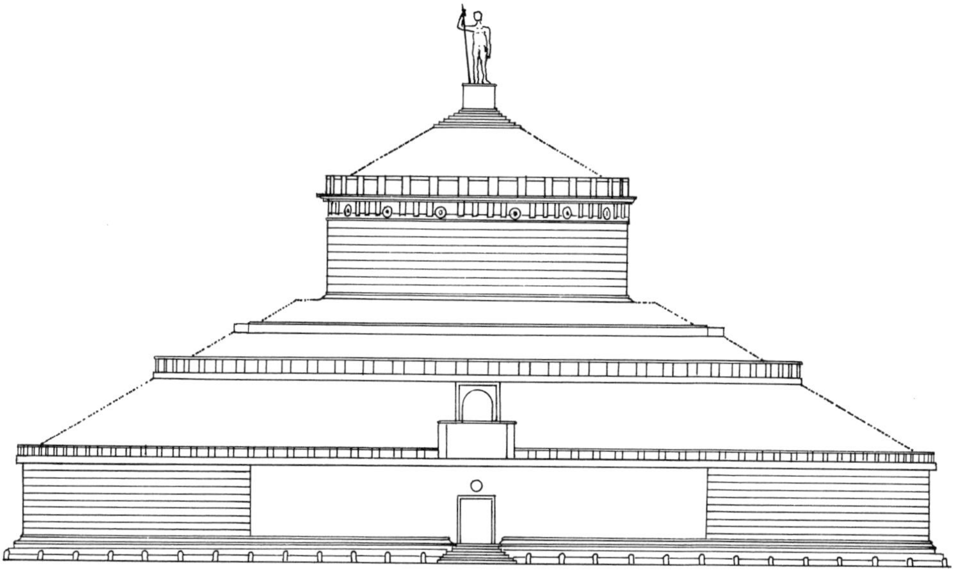

87

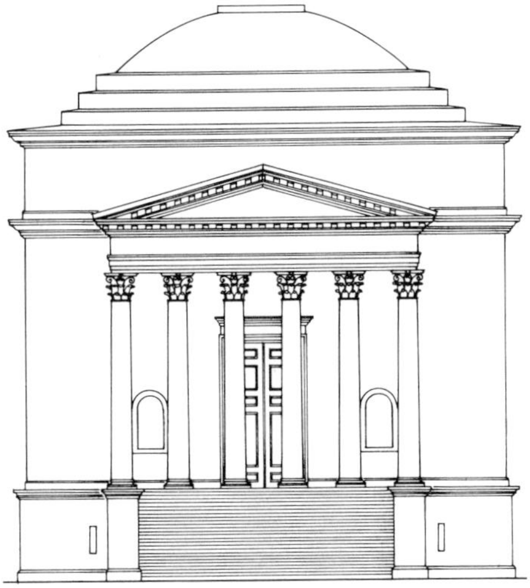

88

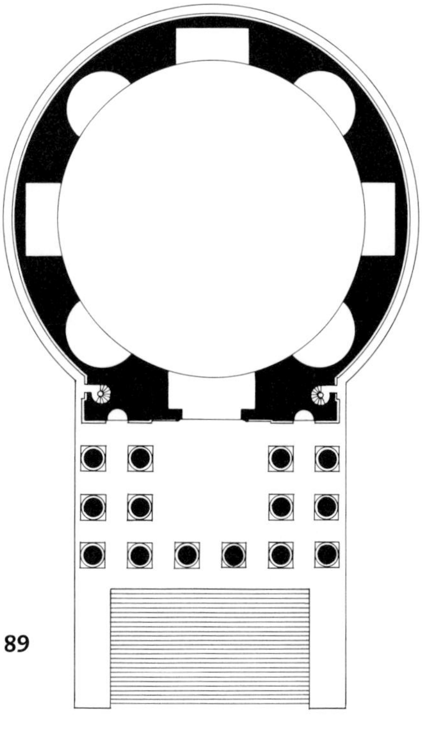

89

Seit hellenistischer Zeit ist es auch für hochgestellte Privatpersonen üblich, sich monumentale Grabbauten zu errichten, die vor allem in der römischen Kaiserzeit häufig Elemente der Sakralarchitektur aufnehmen (Tempelgräber, **91–92**). Grabbauten in den verschiedenen Regionen des römischen Reiches spiegeln einerseits das Verhältnis zu Rom, andererseits lokale Traditionen und Identitäten wider (**90**).

90 Köln, Grabmal des Poblicius
(um 50 n. Chr.)

91 Rom, Via Appia, Grabbau der Annia Regilla (›Deus Rediculus‹)
92 (ca. 150–175 n. Chr.)

Literatur

H. Kammerer-Grothaus, Der Deus Rediculus im Triopion des Herodes Atticus, RM 81, 1974, 131 ff.

G. Precht, Das Grabmal des Lucius Poblicius. Rekonstruktion und Aufbau (1975)

H. Gabelmann, Grabbauten der frühen Kaiserzeit (1979)

H. von Hesberg, Römische Grabbauten (Darmstadt 1992)

S. Cormack, The Space of Death in Roman Asia Minor (2004)

90

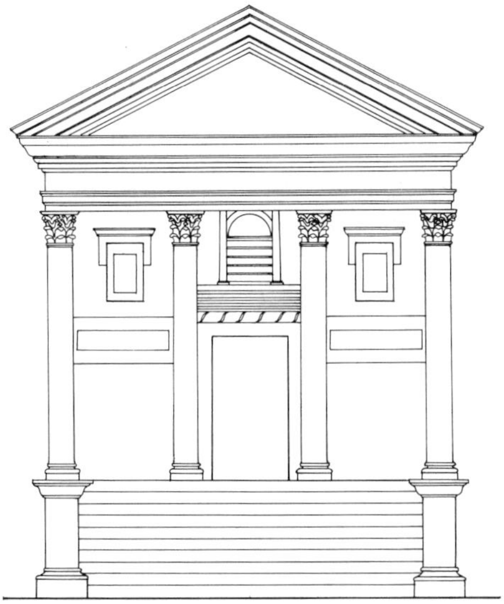

91

92

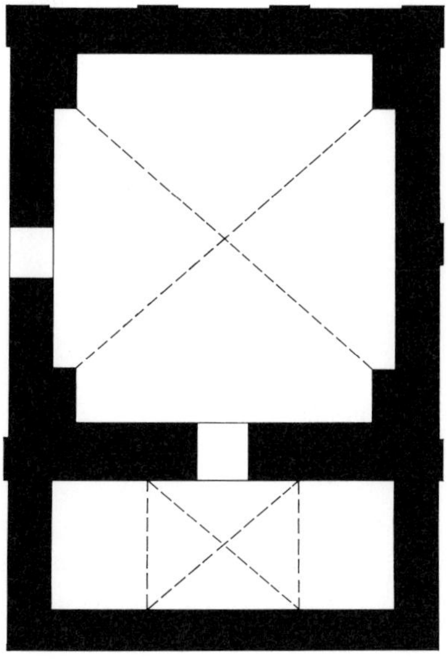

Seit der späten Republik werden freistehende Bogenmonumente als Triumphaldenkmäler errichtet. Dabei sind von Anfang an unterschiedliche Typen (eintorig, dreitorig) überliefert.

In der römischen Kaiserzeit sind Triumphbögen dem Kaiser selbst vorbehalten. Ursprünglich haben die Bögen als ›Basis‹ für auf ihnen aufgestellte Skulpturengruppen gedient. Auch sind sie oft mit Inschriften und Reliefs versehen, die Auskunft über Datum und Anlaß ihrer Errichtung geben. Sie sind deshalb für die römische Kunst- und Architekturgeschichte von besonderer Bedeutung.

93 Rom, Titusbogen (nach 81 n. Chr.)

94 Rom, Konstantinsbogen (313–315 n. Chr.)

Literatur

RE VII A 1 (1939) 373ff. s. v. Triumphbogen (H. Kähler)

M. Pfanner, Der Titusbogen (1983)

S. De Maria, Gli archi onorari di Roma e dell' Italia romana (1988)

F. S. Kleiner, The Study of Roman Triumphal and Honorary Arches 50 Years after Kähler, JRA 2, 1989, 195ff.

P. Pensabene – C. Panella, Arco di Costantino tra archeologia e archeometria (1999)

93

94

Ornamentik

Die unterschiedlichen Formen der Kymatien können als nach vorne überfallende Blätter verstanden werden. Während das dorische Kyma vor allem in Griechenland und in archaischer Zeit auftritt, bleiben der ›Eierstab‹ (ionisches Kyma) und das lesbische Kyma in zahlreichen chronologischen und regionalen Varianten Leitmotive der antiken Bauornamentik.

95 Das dorische Kyma

96 Das ionische Kyma (›Eierstab‹)
A Blatt (›Ei‹)
B Schale
C Zwischenblatt

97 Das lesbische Kyma

Das lesbische Kyma Sonderformen

98 Bügelkyma

99 Scherenkyma

Literatur
C. Weickert, Das Lesbische Kymation. Ein Beitrag zur Geschichte der antiken Ornamentik (1913)
E. Weigand, Baalbek und Rom, die Römische Reichskunst in ihrer Entwicklung und Differenzierung, JdI 29, 1914, 37 ff.
M. Wegner, Ornamente kaiserzeitlicher Bauten Roms (1957) 52 ff.
J. Ganzert, Zur Entwicklung lesbischer Kymationfomen, JdI 98, 1983, 123 ff.

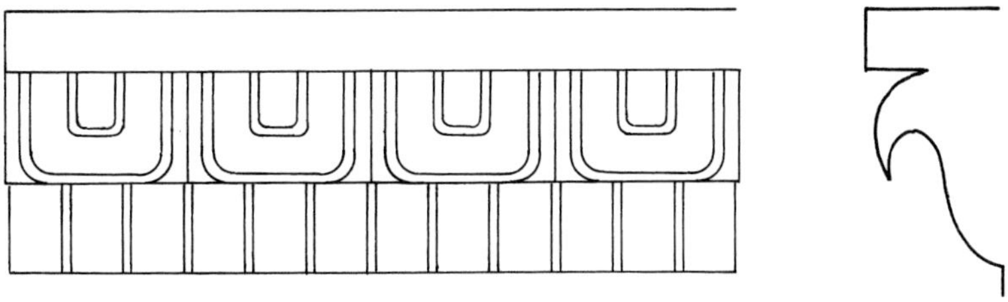

95

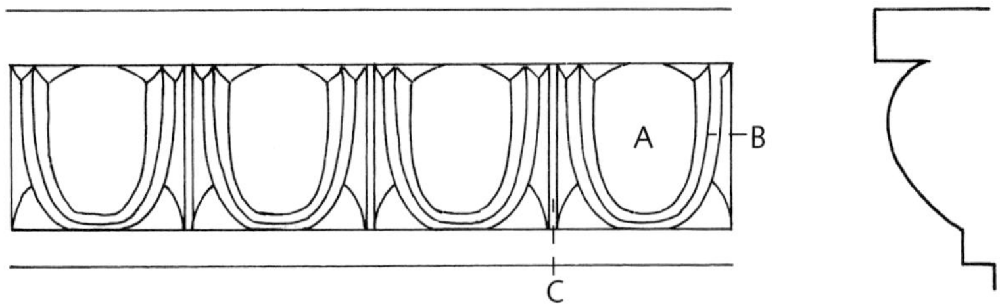

96

97

98

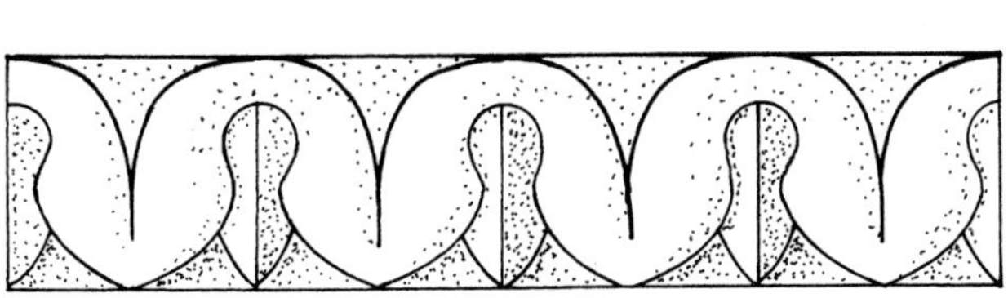

99

Zahnschnitt, Astragal und ionisches Kyma (Eierstab) sind seit archaischer Zeit Leitmotive antiker Bauornamentik. Der Zahnschnitt kann als Stirnseite einer aus der Holzarchitektur entwickelten Balkendecke interpretiert werden. Schmale, lange ›Zähne‹, die besonders im hellenistischen Osten beliebt sind, werden im Laufe der Zeit zunehmend quadratischer und breiter. Besonders in ›barocken‹ Phasen der römischen Kaiserzeit (flavische und severische Zeit) sind ornamentale Füllmotive (›Brillen‹) häufig (**106, 109, 115**).

Der Astragal (Perlstab) besteht aus Perle (Walze) und Wirtelpaar (Linsen). Die in archaischer Zeit meist runden Perlen (**101**) werden zunehmend ei- bzw. walzenförmig gestreckt und geometrisiert (**116, 119**). Die Wirtel werden später rautenförmig. Besonders in flavischer Zeit sind gegeneinander gestellte kalottenförmige Wirtel (›Halbperlen‹) beliebt (**110**).

Ähnlich wie der Astragal wird auch das ionische Kyma im Laufe der Zeit geometrisiert. Die enganliegenden Hüllblätter lösen sich zunehmend von den ›Eiern‹. Die Zwischenblätter werden mehr und mehr isoliert und schematisiert. Für die ›barocken‹ Phasen der Kaiserzeit sind – ähnlich wie im Zahnschnitt – ornamentale Füllmotive (›Pfeilspitzen‹) charakteristisch (**108, 117**).

100 **Priene, Athenatempel (2. Hälfte 4. Jh. v. Chr.)**

101, 102 **Delphi, Siphnierschatzhaus (um 525 v. Chr.)**

103, 104, 105 **Rom, Concordiatempel (1. Viertel 1. Jh. n. Chr.)**

106, 107, 108 **Rom, Titusbogen (nach 81 n. Chr.)**

109, 110, 111 **Rom, Nervaforum (90–100 n. Chr.)**

112, 113, 114 **Rom, Traiansforum (vor 113 n. Chr.)**

115, 116, 117 **Rom, Argentarierbogen (204 n. Chr.)**

118, 119, 120 **Rom, Maxentius-Basilika (vor 312 n. Chr.)**

Literatur

E. Weigand, Baalbek und Rom, die Römische Reichskunst in ihrer Entwicklung und Differenzierung, JdI 29, 1914, 37 ff.

M. Wegner, Ornamente kaiserzeitlicher Bauten Roms (1957) 47 ff.

B. Wesenberg, Kymation und Astragal, MarbWPr 1971/72, 1 ff.

S. Neu, Römisches Ornament (1972)

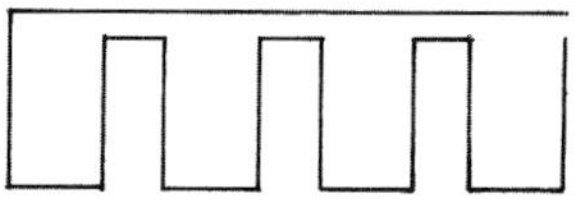

100

101

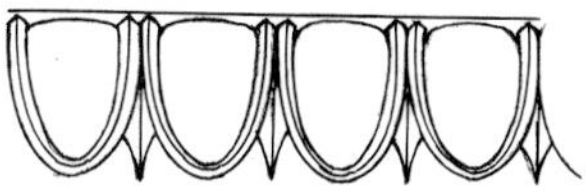

102

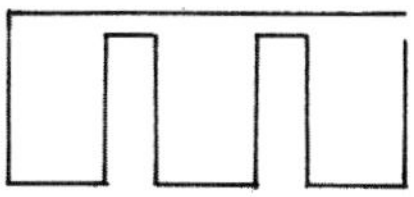

103

104

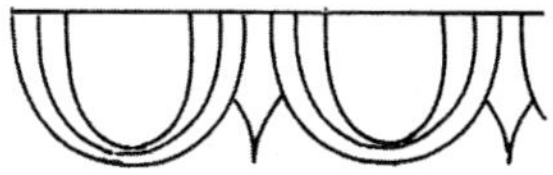

105

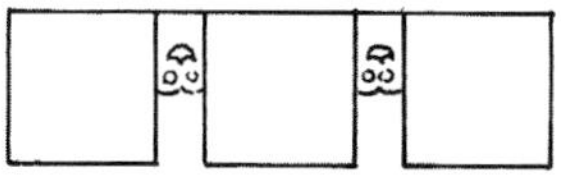

106

107

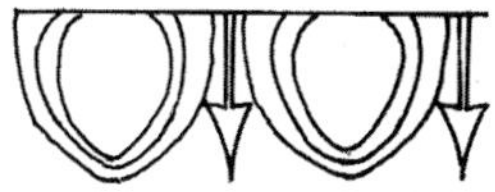

108

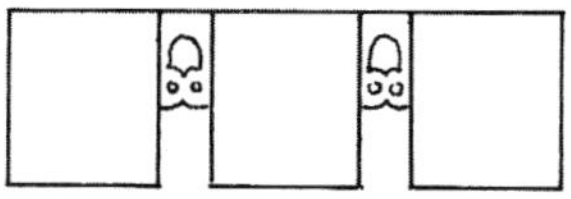

109

110

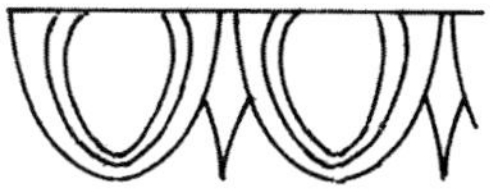

111

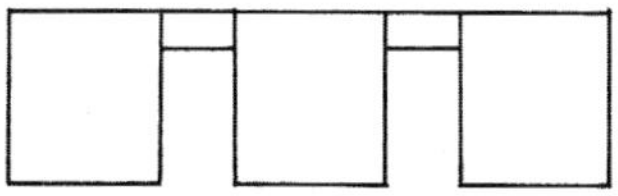

112

113

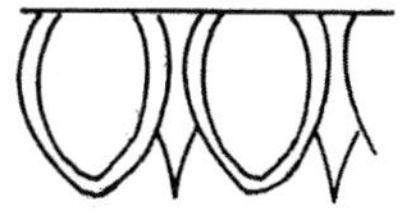

114

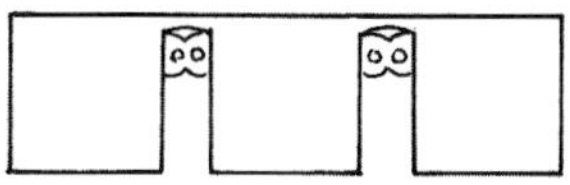

115

116

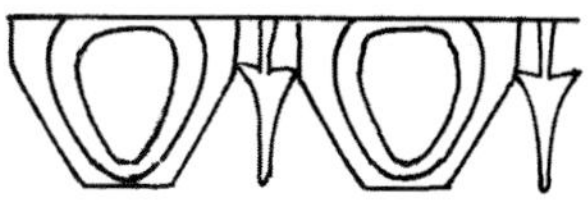

117

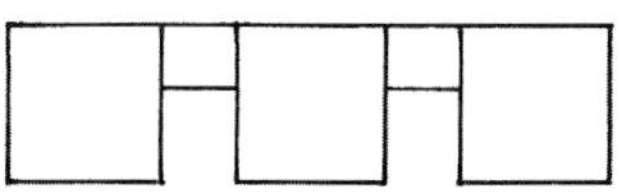

118

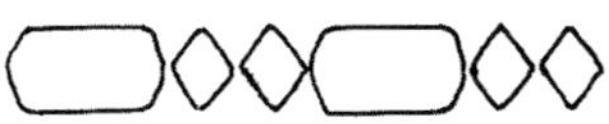

119

120

121 Rankenfries/Akanthusranke: Einläufige Ranke

122 Anthemion (Lotos-Palmettenfries): Lotosblüten und Palmetten im Wechsel

123 Palmettenakroter (Dachaufsatz in Palmettenform)

124 Bukranion (an Stierschädeln aufgehängte Girlanden)

Literatur

H. Gropengiesser, Die pflanzlichen Akrotere klassischer Tempel (1961)

H. Möbius, Die Ornamente der griechischen Grabstelen klassischer und nachklassischer Zeit[2] (1968)

Ch. Börker, Bukranion und Bukephalion, AA 1975, 244ff.

M. Mathea-Förtsch, Römische Rankenpfeiler und -pilaster (1999)

121

122

123

124

Mäander (nach dem windungsreichen Fluß in Kleinasien benannt) und andere Rapportmuster:

125 Hakenmäander

126 Swastika (Hakenkreuzmäander)

127 Swastika mit Zwischenfeldern

128 Schuppenrapport (Blattfries, Feston)

129 Einfaches Flechtband mit Auge

130 Doppeltes Flechtband mit Augen

131 Pfeifenfries (Zungenblattfries)

132 Wellenband (›Laufender Hund‹)

125

126

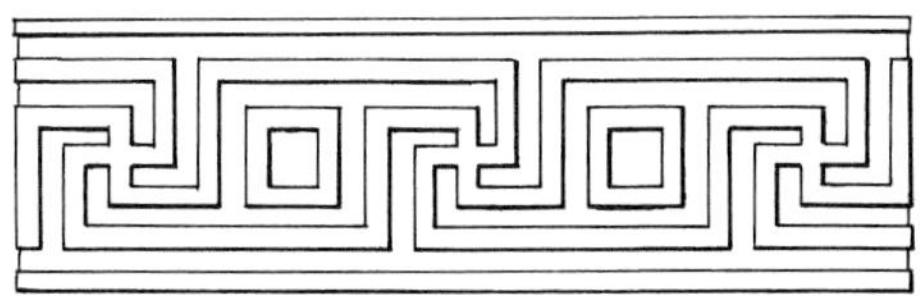

127

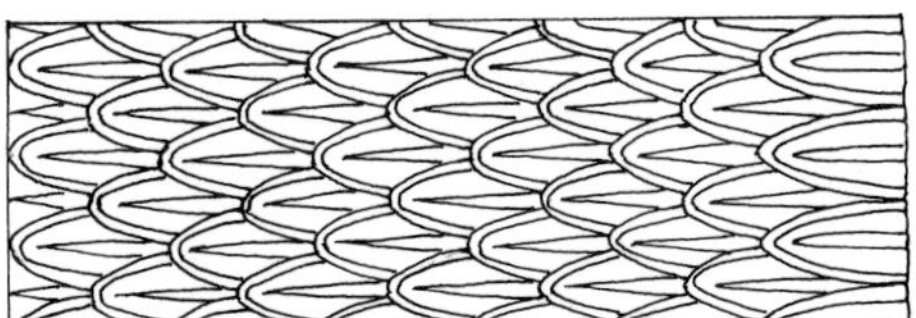

128

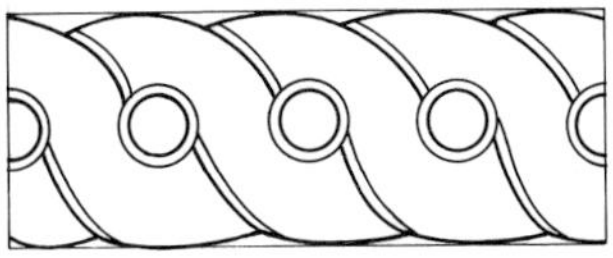

129

130

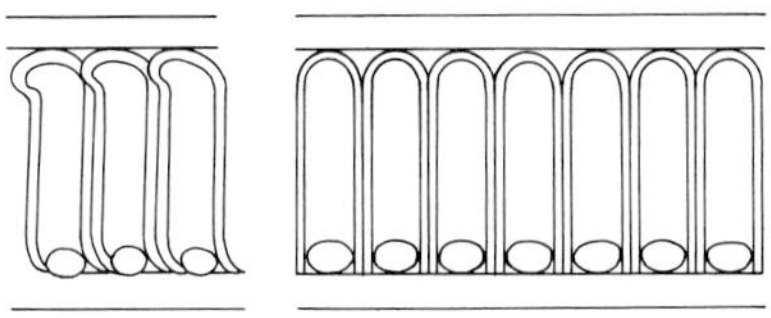

131

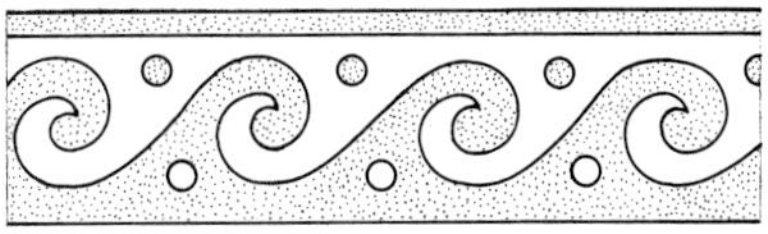

132

Konsolen

Zur Unterstützung vorkragender Bauglieder werden Konsolen eingesetzt. Man unterscheidet verschiedene Typen: die rhodische Konsole (v.a. im östlichen Mittelmeerraum in hellenistischer Zeit), die Blockkonsole (in Rom in der Kaiserzeit vorherrschende Form) und die Volutenkonsole (oft zusätzlich von einem Akanthusblatt unterfangen).

133 Rhodische Konsole
134 Blockkonsole
135 Volutenkonsole

Literatur

H. von Hesberg, Konsolengeisa des Hellenismus und der frühen Kaiserzeit, 24. Ergh. RM (1980)

Soffitten

Soffitten sind die dekorativ ausgearbeiteten Unteransichten von Bauteilen, meist Architraven.

Während römische Soffitten meist eine rechteckige Rahmung aufweisen, sind kleinasiatische an den Schmalseiten eingeschwungen. Stadtrömische Soffitten nehmen meist mehr als die halbe Breite der zu dekorierenden Fläche ein, kleinasiatische weniger als die halbe Breite.

136 Rom, Pantheon (120–130 n. Chr.)
137 Milet, Nymphäum (um 80 n. Chr.)

Literatur

M. Wegner, Ornamente kaiserzeitlicher Bauten Roms (1957)
M. Wegner, Soffitten von Ephesos und Asia Minor, ÖJh 52, 1978–80, 91 ff.

Dachformen

Schon in archaischer Zeit haben sich unterschiedliche regionale Dachformen ausgebildet. Die Fugen zwischen den auf der Sparre aufliegenden Dachziegeln (Stroter) werden von Deckziegeln (Kalypter) geschlossen. Die Stirn der Deckziegel wird von Antefixen verdeckt.

138 Das lakonische Dach: gewölbte Strotere, gewölbte Kalyptere
139 Das sizilische Dach: flache Strotere, gewölbte Kalyptere
140 Das korinthische Dach: flache Strotere, dachförmige Kalyptere

Literatur

A. Ohnesorg, Inselionische Marmordächer (1993)
G. Gruben, Griechische Tempel und Heiligtümer[5] (2001) 39

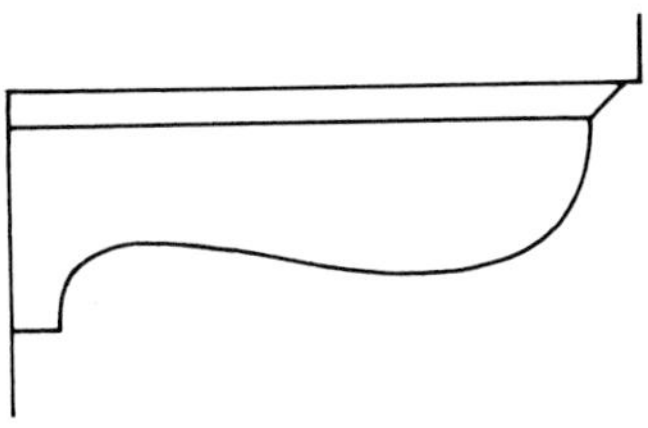

133

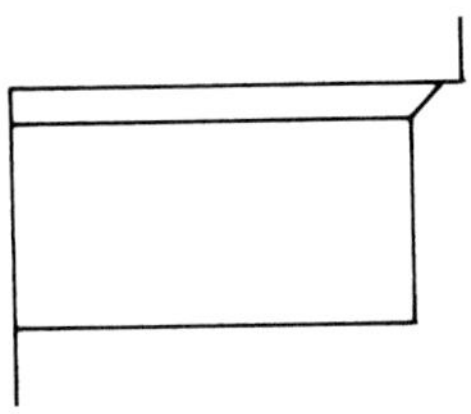

134

135

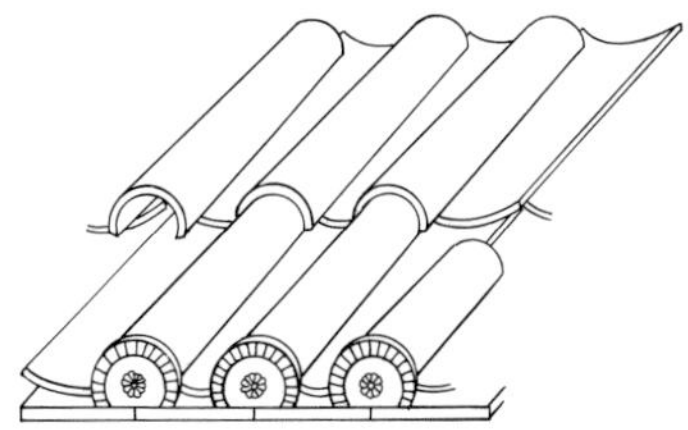

138

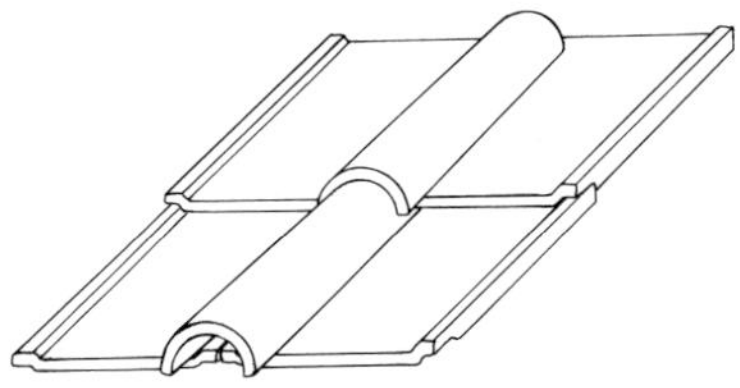

139

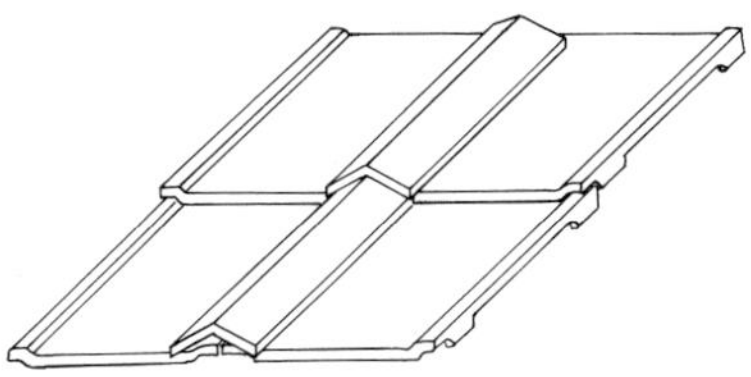

140

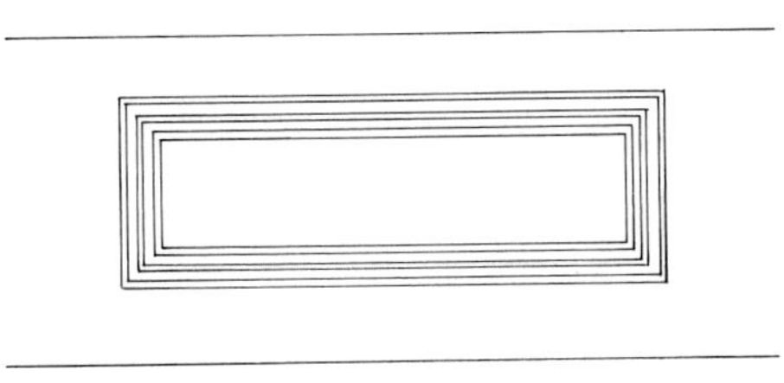

136

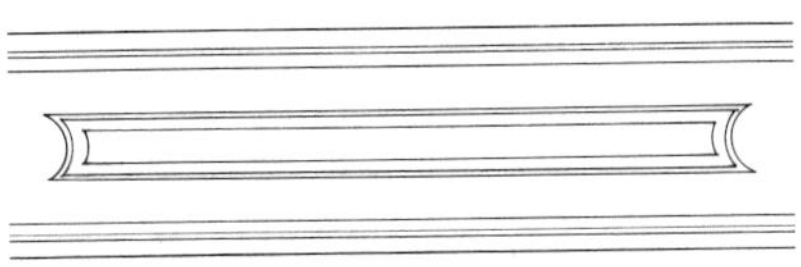

137

Technik

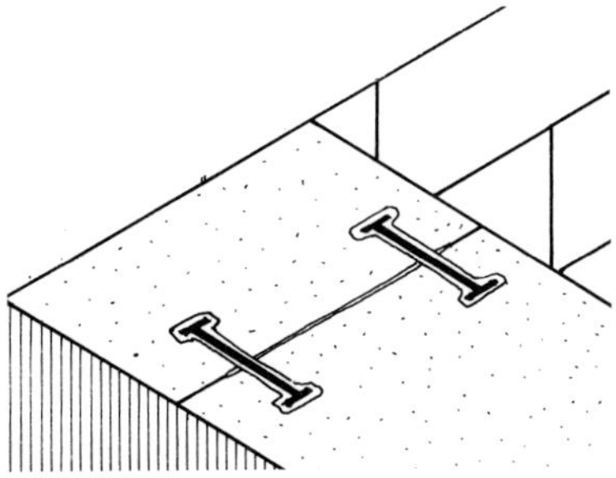

Mauerwerk-Techniken (nach Vitruv II 8)

141 isodomes Mauerwerk mit Läuferverband

142 isodomes Mauerwerk mit Läufern (längsgerichteten Blöcken) und Bindern (in die Wand einbindenden Blöcken)

143 pseudoisodomes Mauerwerk

144 *Opus caementicium* (›Gußmauerwerk‹) und *opus reticulatum*

Das *Opus caementicium* wird in Italien im 2. Jh. v. Chr. entwickelt. Die noch nicht ausgehärtete Zementmasse wird lagenweise aufgetragen und mit unterschiedlicher Schalung versehen, seit der Mitte des 1. Jhs. v. Chr. häufig mit *opus reticulatum*, einer Schalung aus pyramidenförmigen Steinen, die mit ihrer Spitze im Mörtel stecken.

Literatur

Vitruv II 8, 1–3

F. Rakob, Hellenismus in Mittelitalien. Bautypen und Bautechnik, in: P. Zanker (Hrsg.), Hellenismus in Mittelitalien. Koll. Göttingen 1974, Abh. Göttingen 97 (1976) 366 ff.

F. Rakob, Opus Caementicium und die Folgen, RM 90, 1983, 359 ff.

H. O. Lamprecht, Opus Caementitium (sic). Bautechnik der Römer[3] (1987)

H. Knell, Vitruvs Architekturtheorie[2] (Darmstadt 1991) 56 ff.

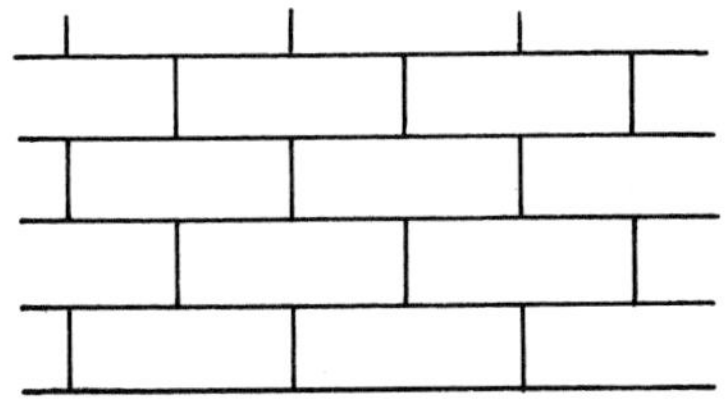

141

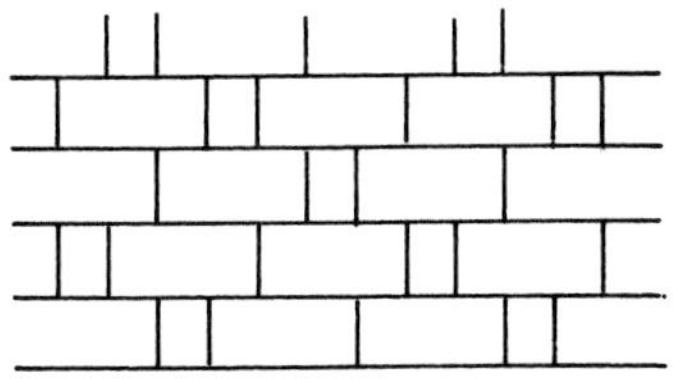

142

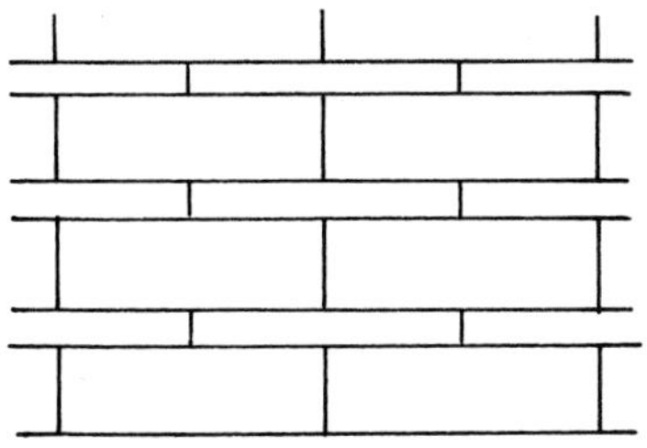

143

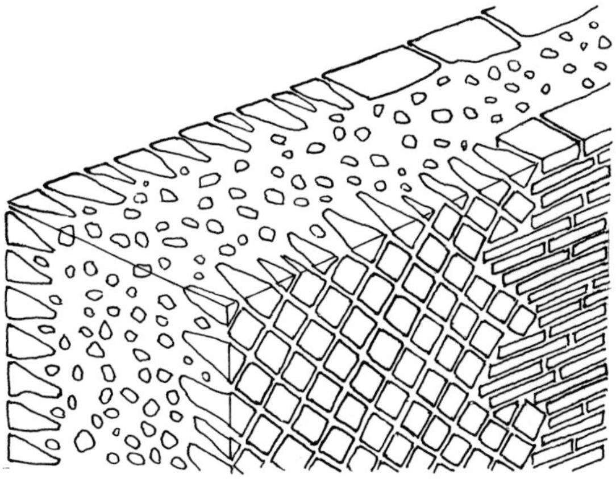

144

Zum Versetzen von Blöcken werden unterschiedliche Hebevorrichtungen verwendet (**145–147**). Um das lückenlose Anschieben von Blöcken zu ermöglichen, wird der Rand eines Blockes geglättet, innerhalb dieses ›Randschlages‹ ist die Fläche leicht vertieft und nur roh ausgearbeitet (**148**). Die Blöcke werden mit Eisenklammern und -dübeln verbunden, die mit Blei in Klammer- bzw. Dübellöchern vergossen werden (**149–150**). Zum Vergießen bzw. Überlaufen überflüssigen Bleis dienen Guß- bzw. Überlaufkanäle.

145 ›Wolf‹

146 Schlinge

147 Zange

148 Anatyhrose (›Randschlag‹)

149 Klammern und Dübel
A Klammer
B Dübel

150 Guß- bzw. Überlaufkanal
A Dübelloch
B Guß- bzw. Überlaufkanal

Literatur

J. J. Coulton, Greek Architects at Work (1977)
W. Müller-Wiener, Griechisches Bauwesen in der Antike (1988)
J.-P. Adam, La construction romaine (1989); engl.: Roman Building (1994)

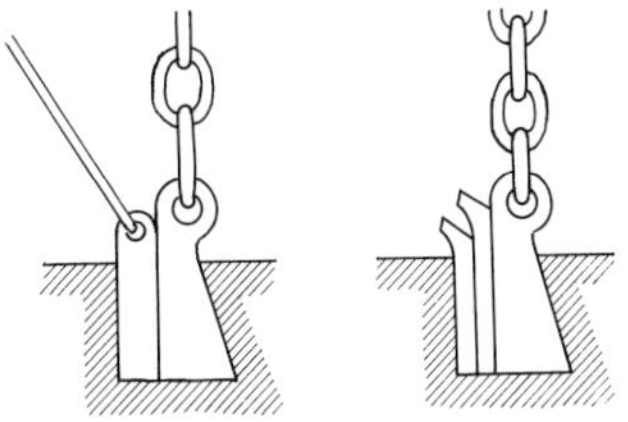
145

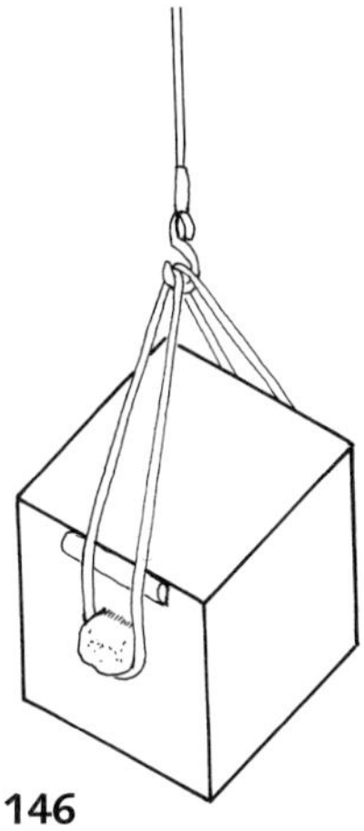
146

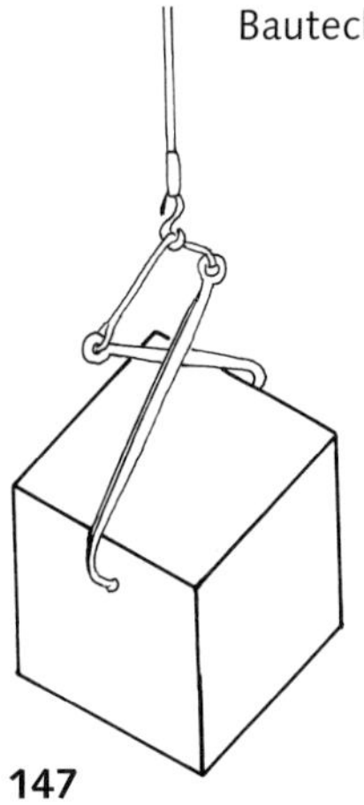
147

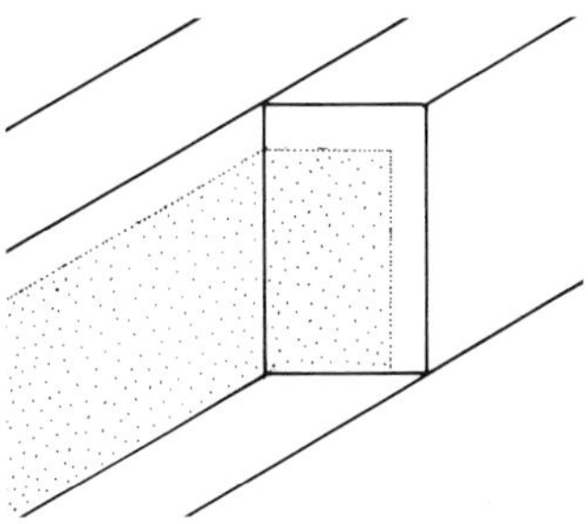
148

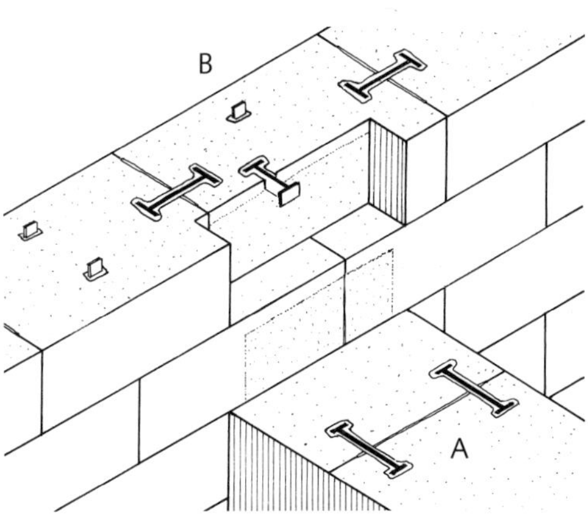

149

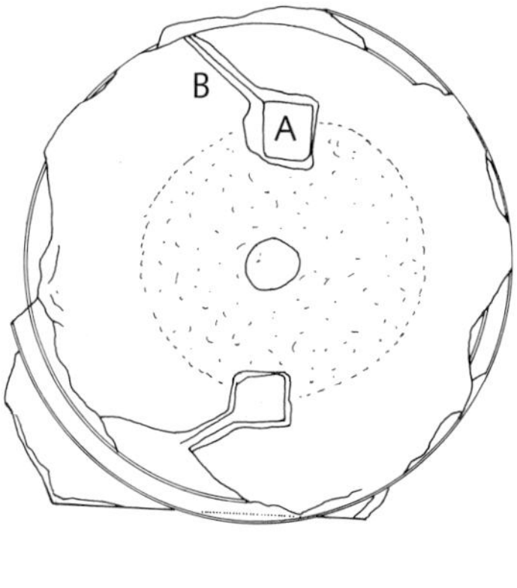

150

Zu unterscheiden sind:

151 Säule (freistehend)

152 Halbsäule (an die Wand ›gelehnt‹)

153 Pfeiler (freistehend)

154 Pilaster (an die Wand ›gelehnt‹)

155 Säulenjoch und Interkolumnium

a Joch (Säulenjoch, Achsmaß): Abstand von Säulenachse zu Säulenachse
b Interkolumnium: Säulenabstand (lichte Weite) zwischen den Säulen, am Fuß der Säule gemessen.
c Unterer Säulendurchmesser: Durchmesser der Säule am Fuß der Säule gemessen

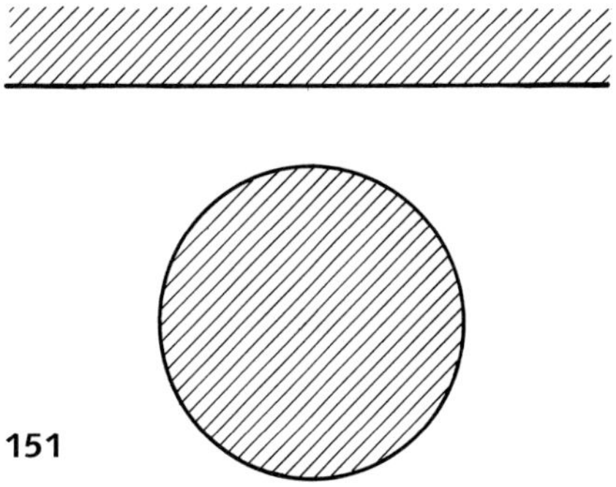

151

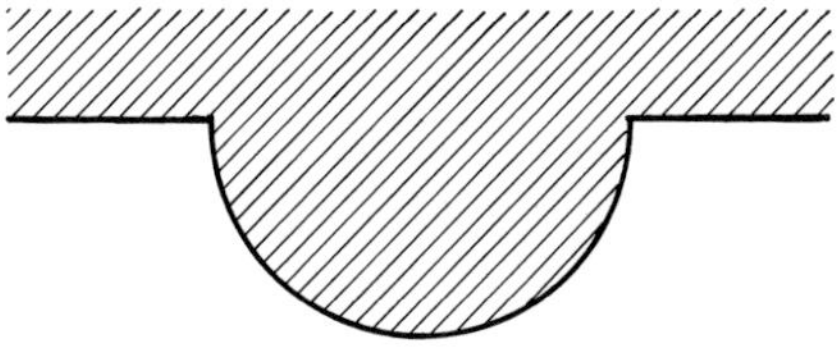

152

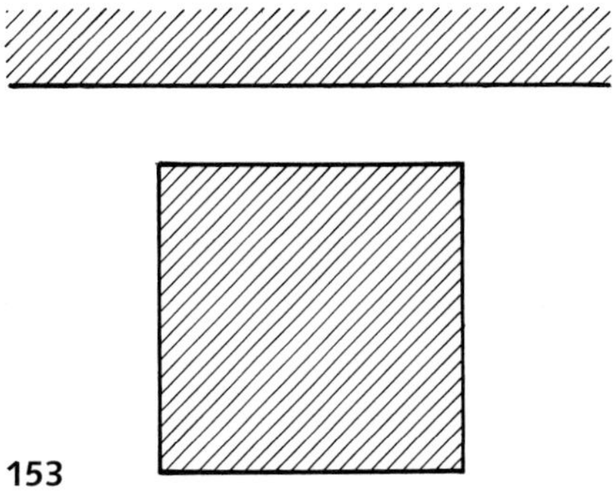

153

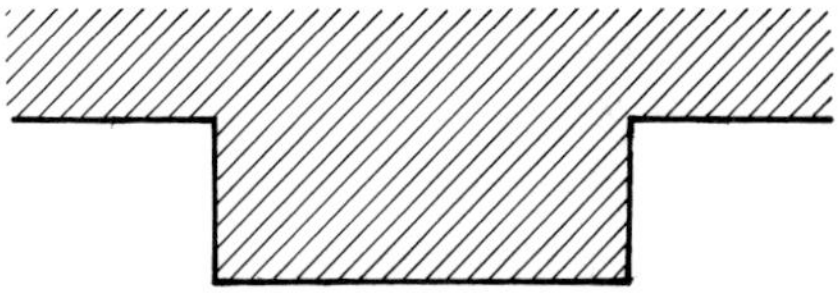

154

155

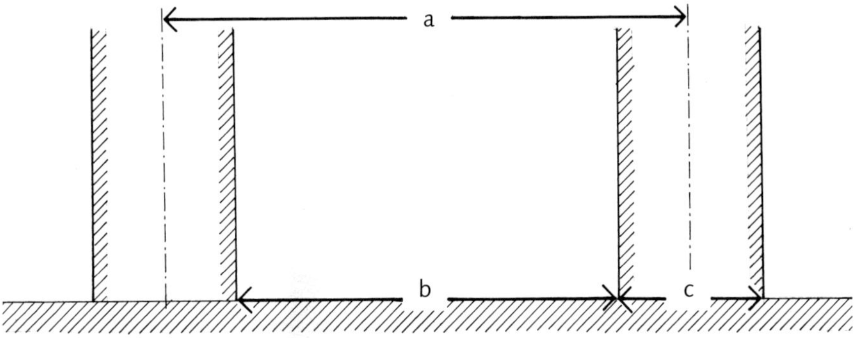

Wandmalerei

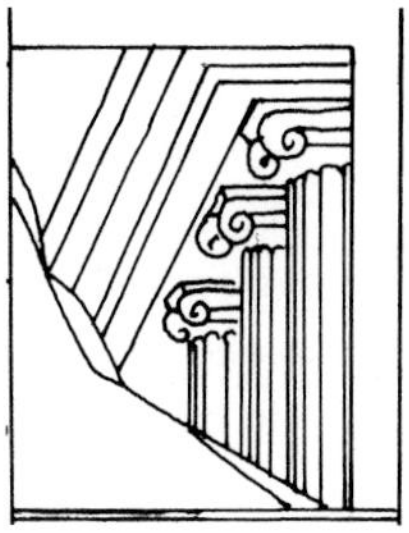

Die vier ›Pompejanischen Stile‹
Der Erste und Zweite Stil

Die sog. vier Pompejanischen Stile gehen von den Befunden in Pompeji aus. Historische Eckdaten sind die Koloniegründung von Pompeji durch Sulla (80 v. Chr.) und der Untergang der Stadt durch den Ausbruch des Vesuv (79 n. Chr.).

In Mittelitalien entstehen gegen Ende des 2. Jh. v. Chr. besondere Wanddekorationen, die – hellenistischen Vorbildern im griechischen Osten folgend – Quadermauerwerk in Stuck und farbiger Malerei imitieren (sog. Erster Stil, **156**).

In einer Weiterentwicklung werden zusätzlich Säulen vor die Quader gemalt, die sich zunehmend von der Wand zu ›lösen‹ bzw. vor die Wand zu treten scheinen und real gebaute dreidimensionale Architektur in zweidimensionaler Malerei wiedergeben (Zweiter Stil, **157, 158**).

156 Pompeji, Casa del Fauno: Übergang vom Ersten zum Zweiten Stil
(um 100 v. Chr.)

157 Pompeji, Casa di Cerere: früher Zweiter Stil
(1. Hälfte 1. Jh. v. Chr.)

158 Rom, Casa dei Grifi: früher Zweiter Stil
theoretischer Schnitt durch die in der Malerei wiedergegebene Architektur
(1. Hälfte 1. Jh. v. Chr.)

156

157

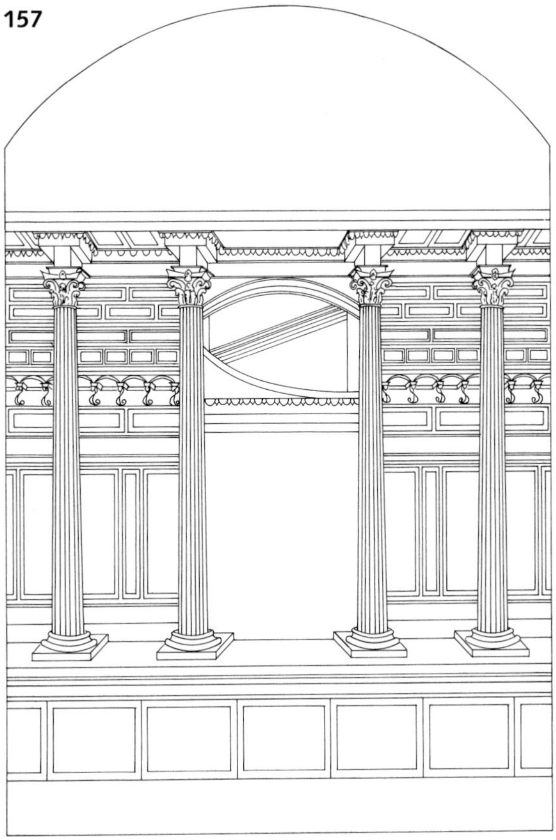

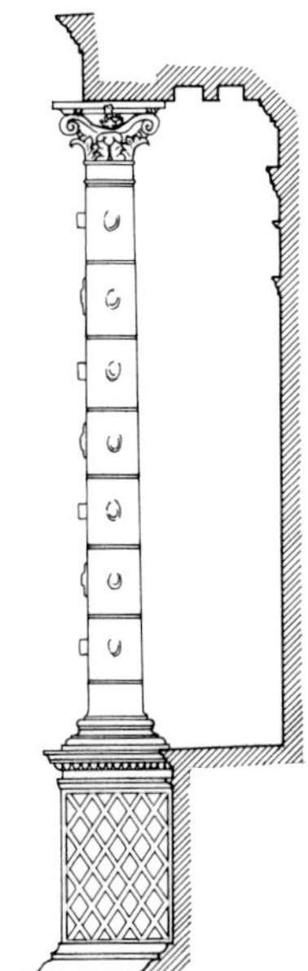

158

Die vier ›Pompejanischen Stile‹
Der späte Zweite Stil

Die perspektivische Malerei des Zweiten Stils entwickelt sich im Laufe des 1. Jh. v. Chr. zu reich gegliederten, aufgerissenen Architekturdurchblicken, die an Bühnenmalerei erinnern (**159**).

Andere Wände werden mit sog. Megalographien ausgestattet: Lebensgroßen Figurenfriesen, die griechische Malerei widerspiegeln (**160**).

159 Villa von Boscoreale: später Zweiter Stil **(um 60 v. Chr.)**

160 Pompeji, Villa dei misteri: Megalographie **(2. Viertel 1. Jh. v. Chr.)**

159

160

DER DRITTE UND VIERTE STIL

In augusteischer Zeit dünnen die gemalten Architekturen aus (›Kandelaberstil‹), die Wände ›schließen‹ sich wieder, in die Wandflächen werden große Bilder gesetzt (Dritter Stil, **161**).

Gegen die Mitte des 1. Jhs. n. Chr. entwickeln sich mehrgeschoßige phantastische Architekturdurchblicke und Bilder, die illusionistisch über die ganze Wand verteilt werden (Vierter Stil, **162**).

161 Schematische Zeichnung: Dritter Stil

162 Pompeji, Casa dei Vettii: Vierter Stil
(um 60 n. Chr.)

Literatur
Vitruv VII 5
L. Curtius, Die Wandmalerei Pompejis (1929)
H. G. Beyen, Die pompejanische Wanddekoration vom 2. bis zum 4. Stil I (1938) II 1 (1960)
W. Ehrhardt, Stilgeschichtliche Untersuchungen an römischen Wandmalereien von der späten Republik bis zur Zeit Neros (1987)
H. Knell, Vitruvs Architekturtheorie[2] (Darmstadt 1991) 161 ff.
M. Pfrommer, Göttliche Fürsten in Boscoreale, 12. TrWPr (1992)
R. Thomas, Die Dekorationssysteme der römischen Wandmalerei von augusteischer bis in trajanische Zeit (1995)
G. Sauron, La grande fresque de la Villa des Mystères à Pompei (1998)
H. Mielsch, Römische Wandmalerei (2001)
B. Wesenberg, Wand und Illusion im zweiten pompejanischen Stil, in: K. Möseneder – G. Schüssler (Hrsg.), Bedeutung in den Bildern. Festschrift J. Traeger (2002) 477 ff.

161

162

Anhang

	Jahrhunderte	Historische Anhaltspunkte zu Epochengrenzen
Griechische Kultur		
Minoisch-mykenische Epoche (Ägäische Bronzezeit)	bis 1000 v. Chr.	
Geometrische Epoche	9.–8. Jh. v. Chr.	
Archaische Epoche	7.–6. Jh. v. Chr.	bis 490/480 v. Chr. (Perserkriege)
Klassische Epoche	5.–4. Jh. v. Chr.	bis ca. 330 v. Chr. (Alexander d. Gr.)
Hellenistische Epoche	3.–1. Jh. v. Chr.	bis 30 v. Chr. (Alexandria fällt)
Römische Kultur		
Archaische Zeit/Königszeit	6. Jh. v. Chr.	bis 509 v. Chr. (letzter König in Rom)
Republikanische Zeit	5.–1. Jh. v. Chr.	bis 27 v. Chr. (Octavian erhält Titel Augustus)
Kaiserzeit	1.–3. Jh. n. Chr.	bis 284 n. Chr. (Regierungsantritt Diocletians)
Spätantike	ab 284 n. Chr.	bis 395 n. Chr. (Tod Theodosius' I)

Frühe Kaiserzeit

Julisch-Claudische Dynastie

Augustus	27 v. – 14 n. Chr.
Tiberius	14–37
Gaius (Caligula)	37–41
Claudius	41–54
Nero	54–68

1. Vierkaiserjahr

Galba, Otho, Vitellius, Vespasian	68–69

Mittlere Kaiserzeit

Flavische Dynastie

Vespasian	69–79
Titus	79–81
Domitian	81–96

›Senats-/Adoptivkaiser‹

Nerva	96– 98
Trajan	98–117
Hadrian	117–138

Antonine

Antoninus Pius	138–161
Mark Aurel	161–180
Lucius Verus	161–169
Commodus	180–192

Späte Kaiserzeit

2. Vierkaiserjahr

Pertinax, Didius Iulianus, Pescennius Niger, Clodius Albinus	193–94

Severer

Septimius Severus	193–211
Caracalla	198–217
Geta	209–212
Macrinus	217–218
Elagabal	218–222
Severus Alexander	222–235

Kleines Lexikon zur antiken Baukunst

deutsch/französisch/englisch/italienisch

Aufgenommen sind nur Lemmata, soweit sie nicht in allen vier genannten Sprachen identisch geschrieben werden.

DEUTSCH	französisch	englisch	italienisch
Abakus/Deckplatte	abaque	abacus	abaco
Abakusblüte	fleuron axial	fleuron	fiore d(ell)'abaco
Aedicula/Ädikula	édicule	aedicule	edicola
äolisch	éolique	aeolic	eolico
Akanthus	(feuille d')acanthe	acanthus	acanto
Akroter	acrotère	acroterion	acroterio, acroterium
Altar	autel	altar	altare
Amphiprostylos	amphiprostyle	amphiprostyle	anfiprostilo
Anlauf s. *Fuß*, *Hypotrachelion*			
Ante	ante	anta	anta
Antefix	antéfixe	antefix	antefissa
Antenkapitell	chapiteau d'ante	anta capital	
Antentempel	temple in antis	temple in antis	tempio in antis
Anthemion	anthémion (à Palmettes et fleurs lotus)	anthemion	antemio
Anuli	annelets	annulets	anuli, aneletti
Architrav	architrave	architrave, epistyle	architrave, epistilio
Astragal	astragale, perles et/entre pirouettes	astragal, bead and reel, bead moulding	astragalo
Attika (als Bauglied)	attique	attic	attico
Auge (der Volute)	œil	eye	occhio, occhiello
Balken	poutre	beam	
Balustrum	balustre		
Balteus (ion. Kap.)	baudrier	balteus	balteo
Band	file		
Blatt	pétale, feuille	leaf	foglio
Blattfinger (am Kapitell)	digitation		
Blattkelch-/Blattkranzkapitell	chapiteau à godrons, chap. en corolle, chap. à feuilles dréssées		capitello a foglie
Blattstab s. *Kyma*			
Blüte	fleuron	blossom	
Bosse	bosse	rough hewn	

DEUTSCH	französisch	englisch	italienisch
Calix	calice		calice
Canalis	canal	canalis, canal, channel	canale
Caulis	caulicule, caulicole	cauliculus	caule, caulicolo
Crepis s. *Krepis*			
Dach	toiture	roof	tetto
Dachfirst s. *First*			
Dachsparre	chevron	chevron	
Dachziegel s. *Ziegel*			
Decke	plafond, ciel	ceiling	soffitto, solaio
Deckplatte s. *Abakus*			
Dekor(ation) s. *Muster, Ornament*			
Diazoma		ambulatory	
Dipteros		dipteral	diptero
dorisch	dorique	doric	dorico
Echinus	échine, echinus	echinus	echino
Eckakroter	acrotère angulaire, acrotère d'angle		
Eckkapitell	chapiteau d'angle	corner capital	capitello angolare
Eckkonflikt		angle contraction problem	
Eckkontraktion	contraction angulaire	angle contraction	contrazione angolare
Eckvolute	volute angulaire, crosse angulaire	corner volute	voluta angolare
Eierstab s. *Kyma*			
Entasis	entasis	entasis	rigonfiamento
Epistyl/Epilstylion s. *Architrav*			
Faszie	fasce (de l'architrave)	fascia, fillet	fascia
Fensterlaibung s. *Laibung*			
Fenstersturz. s. *Sturz*			
Figuralkapitell	chapiteau figuré	zoomorphic capital	
First	faîte, arête d'un toi	ridge	colmo, linea di colmo
Firstakroter	acrotère faîtier	acroterion of the ridge	
Fries	frise	frieze	fregio
Fuge	joint		
Fuß (einer Säule)/ Anlauf	pied, apophygé	foot, apophyge	apofige, imo scapo
Gebälk	entablement	entablature	trabeazione
Geisipodes s. *Zahnschnitt*			

DEUTSCH	französisch	englisch	italienisch
Geison	corniche	cornice, geison, corona	cornice, cornicione
Giebel	fronton	pediment	frontone
Giebelfeld s. *Tympanon*			
Grat (bei Kannelur)	crêt	arris	
Gußkanal		pour-channel	
Guttae s. *Tropfen*			
Hakenkreuzmäander	méandre à svastikas		
Halbsäule	demi-colonne	engaged column, half column	
Hals (einer Säule) s. *Hypotrachelion*			
Helix/Helices	crosse médiane, helix	helix	elice
Hochblatt	seconde couronne, couronne supérieure		seconda corona, secunda folia
Hohlkehle	gorge	concave mould	scanalatura
Hypotrachelion / Säulenhals	hypotrachélion, gorgerin, collet, collier du fût, sommet du fût, terminaison du fût, apophygé	hypotrachelium, apophyge	hypotrachelium, collarino, sommo scapo, apofige
Interkolumnium	entrecolonnement	intercolumniation	intercolumnio
ionisch	ionique	ionic	ionico
Joch/Säulenjoch	entraxe	interaxial	interasse
Kalathos	calathus, kalathos, corbeille, corps	calathus, kalathos	calato
Kalix s. *Calix*			
Kanalis s. *Canalis*			
Kannelur	cannelure	flute, fluting, groove	scanalatura, stria
Kapitell	chapiteau	capital	capitello
Kassette	caisson	coffer	cassettone
Kaulis s. *Caulis*			
Kaulisknopf/ -knoten	collerette du caulicule		
Kelch(blatt) s. *Calix*			
Konsole	console, modillon	console, modillion	mensola
Konsol(en)geison	corniche à modillons	modillion frieze	

DEUTSCH	französisch	englisch	italienisch
Korb *s. Kalathos*			
korinthisch	corinthien	corinthian	corinzio
Kranzblatt	première couronne, couronne inférieure, ima folia	prima corona	
Kranzgesims *s. Geison*			
Krepis	crépis	crepidoma	krepis, crepidine, crepidoma
Kuchenkapitell	chapiteau en galette		
Kurvatur	courbure, raffinements	curvature, refinements	curvatura
Kyma/Kymation	kymation	cyma, cymatium	kymation
ionisch = Eierstab	kymation ionique, ovolo, bande d'oves (et de dards)	ovolo, egg-and-dart, egg-and-tongue, cyma recta	ovuli, ovoli
lesbisch = Blattstab	kymation lesbique, rais-de-cœur, file de feuilles, feuilles imbriquées, rang de feuillet	lesbian cyma, heart-and-dart, leaf-and-dart, cyma reversa	tondino fitomorfo
Laibung	encadrement, embrasure	jamb, reveal, doorway	stipite della porta, imbotte
Laufender Hund	bande de vagues	running dog	can corrente
Linse (im Astragal)	pirouette	reel	
Lotos-Palmettenfries *s. Anthemion*			
Mäander	méandre	maeander, meander, greek key	
Metope	métope	metope	metopa
Monopteros	monoptère	monopteral	monoptero
Mutulus	mutulus, mutule	mutule	mutulo
Muster *s. auch Ornament*	dessin, décor	pattern	
Neigung (der Säule)	inclination	inclination	inclinazione
Nische	niche	nich	nicchia
Opisthodom		opist(h)odomus, porch in the rear	opistodomo
Ordnung	ordre	order	ordine
Ornament(leiste) *s. auch Muster, Profilleiste*	moulure	ornament, mould(ing)	ornamento

DEUTSCH	französisch	englisch	italienisch
Orthostat	orthostate	orthostates	ortostato
Palmetten(-Lotos)fries *s. Anthemion*			
Peripteros	periptère	peripteral	periptero
Peristyl	peristyle	peristyle	peristilio
Perle (im Astragal)	perle	bead	
Perlstab *s. Astragal*			
Pfeiler	pilier	pier	pila, pilone
Pilaster	pilastre	pilaster, pier	pilastro
Plinthe	plinthe	plinth	plinto
Podium	podiom	podium	podio
Profil(leiste)	moulure	mould(ing)	
Pronaos		pronaos, porch in front	pronao
Prostylos		prostyle	prostilio
Pseudodipteros		pseudo-dipteral	
Pseusoperipteros		pseudo-peripteral	
Pulvinus		pulvinus, baluster side	pulvino
Ranke	rinceau	rinceau	
Ringhallentempel *s. Peripteros*			
Rundtempel *s. Tholos*			
Säule	colonne	column	colonna
Säulenabstand *s. Interkolumnium*			
Säulenfuß *s. Fuß*			
Säulenhals *s. Hypotrachelion*			
Säulenjoch *s. Joch*			
Säulenschaft *s. Schaft*			
Säulenschwellung *s. Entasis*			
Säulentrommel *s. Trommel*			
Schaft (einer Säule)	fût	shaft	fusto, scapo, stelo, tronco
Scherenkyma	rais-de-cœur en ciseau		
Schnecke *s. Volute*			
Schräggeison	corniche rampante	raking cornice	
Schwelle	seuil		
Schwellung (der Säule) *s. Entasis*			
Scotia	scotie	scotia	scozia
Sofakapitell	chapiteau en sofa		
Soffitte	soffitte, soffite	soffit	soffitto
Sparre *s. Dachsparre*			

DEUTSCH	französisch	englisch	italienisch
Steg (zwischen Kaneluren)	méplat	fillet, cincture	listello
Stengel	tige		stelo
Stiel *s. Stengel*			
Stirnziegel *s. Antefix*			
Stufe	degré	step	scalino
Stufenunterbau *s. Krepis*			
Sturz	linteau, encadrement	lintel	architrave
Tempel	temple	temple	tempio
Tholos		tholos, round temple	tholos, tempio rotondo
Torus	tore	torus	toro
Traufleiste *s. Sima*			
Triglyphe	triglyphe	triglyph	triglifo
Triglyphon / Triglyphenfries	frise dorique	doric frieze	fregio dorico
Trommel (einer Säule)	tombour	drum	rocchio
Tropfen / Guttae	gouttes	guttae	goccie
Tropfenplatte *s. Mutulus*			
Türkonsole		bracket	mensola
Türlaibung *s. Laibung*			
Türsturz *s. Sturz*			
tuskanisch	tuscan	tuscan	tuscanico
Tympanon	tympon du fronton	tympanum	timpano
Volute	volute	volute	voluta
Volutenauge *s. Auge*			
Wasserspeier	gargouille	outlet for water, waterspout	(bocca di) doccione, gocciolatoio
Wellenband *s. Laufender Hund*			
Wirbelrosette	rosette tournoyante		
Zahnschnitt	denticules	dentils	dentelli
Ziegel	tuile	tile	tegola
Zierleiste *s. Ornamentleiste*			

FRANZÖSISCH	deutsch	englisch	italienisch
(feuille d')acanthe	Akanthus	acanthus	acanto
abaque	Abakus/Deckplatte	abacus	abaco
acrotère	Akroter	acroterion	acroterio, acroterium
acrotère angulaire, acrotère d'angle	Eckakroter		
acrotère faîtier	Firstakroter	acroterion of the ridge	
amphiprostyle	Amphiprostylos	amphiprostyle	anfiprostilo
annelets	Anuli	annulets	anuli, aneletti
ante	Ante	anta	anta
antéfixe	Antefix	antefix	antefissa
anthémion (à Palmettes et fleurs lotus)	Anthemion	anthemion	antemio
apophygé *v. hypotrachélion, pied*			
architrave	Architrav	architrave, epistyle	architrave, epistilio
arête d'un toi *v. faîte*			
astragale, perles et/entre pirouettes	Astragal	astragal, bead and reel, bead moulding	astragalo
attique	Attika (als Bauglied)	attic	attico
autel	Altar	altar	altare
balustre	Balustrum		
bande d'oves (et de dards) *v. kymation ionique*			
bande de vagues	Laufender Hund	running dog	can corrente
baudrier	Balteus	balteus	balteo
bosse	Bosse	rough hewn	
caisson	Kassette	coffer	cassettone
calathus, kalathos, corbeille, corps	Kalathos	calathus, kalathos	calato
calice	Calix		calice
canal	Canalis	canalis, canal, channel	canale
cannelure	Kannelur	flute, fluting, groove	scanalatura, stria
caulicule, caulicole	Caulis	cauliculus	caule, caulicolo
chapiteau	Kapitell	capital	capitello
chapiteau à godrons, chap. en corolle, chap. à feuilles dréssées	Blattkelch-/ Blattkranzkapitell		capitello a foglie
chapiteau d'angle	Eckkapitell	corner capital	capitello angolare
chapiteau d'ante	Antenkapitell	anta capital	

FRANZÖSISCH	deutsch	englisch	italienisch
chapiteau en galette	Kuchenkapitell		
chapiteau en sofa	Sofakapitell		
chapiteau figuré	Figuralkapitell	zoomorphic capital	
chevron	Dachsparre	chevron	
chiens courants *v. bande de vagues*			
ciel *v. plafond*			
collerette du caulicule	Kaulisknopf/-knoten		
collet, collier du fût *v. hypotrachélion*			
colonne	Säule	column	colonna
console, modillon	Konsole	console, modillion	mensola
contraction angulaire	Eckkontraktion	angle contraction	contrazione angolare
corbeille *v. calathus*			
corinthien	korinthisch	corinthian	corinzio
corniche	Geison	cornice, geison, corona	cornice, cornicione
corniche à modillons	Konsol(en)geison	modillion frieze	
corniche rampante	Schräggeison	raking cornice	
courbure, raffinements	Kurvatur	curvature, refinements	curvatura
couronne inférieure *v. première couronne*			
couronne supérieure *v. seconde couronne*			
crépis	Krepis	crepidoma	krepis, crepidine, crepidoma
crêt	Grat (bei Kannelur)	arris	
crosse angulaire *v. volute angulaire*			
crosse médiane, helix	Helix/Helices	helix	elice
cymatium *v. kymation*			

décor *v. dessin*			
degré	Stufe	step	scalino
demi-colonne	Halbsäule	engaged column, half column	
denticules	Zahnschnitt	dentils	dentelli
dessin, décor	Muster, Ornament	pattern	
digitation	Blattfinger (am Kapitell)		
dorique	dorisch	doric	dorico

échine, echinus	Echinus	echinus	echino
édicule	Aedicula/Ädikula	aedicule	edicola

FRANZÖSISCH	deutsch	englisch	italienisch
encadrement, embrasure	Laibung	jamb, reveal, doorway	stipite della porta, imbotte
entablement	Gebälk	entablature	trabeazione
entasis	Entasis	entasis	rigonfiamento
entraxe	Joch/Säulenjoch	interaxial	interasse
entrecolonnement	Interkolumnium	intercolumniation	intercolumnio
éolique	äolisch	aeolic	eolico
faîte, arête d'un toi	First	ridge	colmo, linea di colmo
fasce (de l'architrave)	Faszie	fascia, fillet	fascia
feuille *v. pétale*			
feuilles imbriquées *v. kymation lesbique*			
file	Band		
file de feuilles *v. kymation lesbique*			
fleuron	Blüte	blossom	
fleuron axial	Abakusblüte	fleuron	fiore d(ell)'abaco
frise	Fries	frieze	fregio
frise dorique	Triglyphon/ Triglyphenfries	doric frieze	fregio dorico
fronton	Giebel	pediment	frontone
fût	Schaft (einer Säule)	shaft	fusto, scapo, stelo, tronco
gargouille	Wasserspeier	outlet for water, waterspout	(bocca di) doccione, gocciolatoio
gorge	Hohlkehle	concave mould	scanalatura
gorgerin *v. hypotrachélion*			
gouttes	Tropfen/Guttae	guttae	goccie
helix *v. crosse médiane*			
hypotrachélion, gorgerin, collet, collier du fût, sommet du fût, terminaison du fût, apophygé	Säulenhals	hypotrachelium, apophyge	hypotrachelium, collarino, sommo scapo, apofige
ima folia *v. première couronne*			
inclination	Neigung (der Säule)	inclination	inclinazione
ionique	ionisch	ionic	ionico
joint	Fuge		

FRANZÖSISCH	deutsch	englisch	italienisch
kymation	Kyma/Kymation	cyma, cymatium	kymation
kymation ionique, ovolo, bande d'oves (et de dards)	ionisches Kyma = Eierstab	ovolo, egg-and-dart, egg-and-tongue, cyma recta	ovuli, ovoli
kymation lesbique, rais-de-cœur, file de feuilles, feuilles imbriquées, rang de feuillet	lesbisches Kyma = Blattstab	lesbian cyma, heart-and-dart, leaf-and-dart, cyma reversa	tondino fitomorfo
linteau, encadrement	Sturz	lintel	architrave
méandre	Mäander	maeander, meander, greek key	
méandre à svastikas	Hakenkreuzmäander		
méplat	Steg (zwischen Kaneluren)	fillet, cincture	listello
métope	Metope	metope	metopa
modillon *v. console*			
monoptère	Monopteros	monopteral	monoptero
moulure	Ornament(leiste) Muster, Profilleiste	ornament, mould(ing)	ornamento
mutule, mutulus	Mutulus	mutule	mutulo
niche	Nische	nich	nicchia
œil	Auge (der Volute)	eye	occhio, occhiello
ordre	Ordnung	order	ordine
orthostate	Orthostat	orthostates	ortostato
ovolo *v. kymation ionique*			
periptère	Peripteros	peripteral	periptero
peristyle	Peristyl	peristyle	peristilio
perle	Perle (im Astragal)	bead	
perles et/entre pirouettes *v. astragal*			
pétale, feuille	Blatt	leaf	foglio
pied, apophygé	Fuß (einer Säule)/ Anlauf	foot, apophyge	apofige, imo scapo
pilastre	Pilaster	pilaster, pier	pilastro
pilier	Pfeiler	pier	pila, pilone
pirouette	Linse (im Astragal)	reel	

FRANZÖSISCH	deutsch	englisch	italienisch
plafond, ciel	Decke	ceiling	soffitto, solaio
plinthe	Plinthe	plinth	plinto
podiom	Podium	podium	podio
poutre	Balken	beam	
première couronne, couronne inférieure, ima folia	Kranzblatt	prima corona	
pulvinus, baluster side	Pulvinus	pulvino	
raffinements *v. courbure*			
rais-de-cœur *v. kymation lesbique*			
rais-de-cœur en ciseau	Scherenkyma		
rang de feuillet *v. kymation lesbique*			
rinceau	Ranke	rinceau	
rosette tournoyante	Wirbelrosette		
scotie	Scotia	scotia	scozia
seconde couronne, couronne supérieure	Hochblatt		seconda corona, secunda folia
seuil	Schwelle		
soffitte, soffite	Soffitte	soffit	soffitto
sommet du fût *v. hypotrachélion*			
temple	Tempel	temple	tempio
temple in antis	Antentempel	temple in antis	tempio in antis
tige	Stengel		stelo
toiture	Dach	roof	tetto
tombour	Trommel (einer Säule)	drum	rocchio
tore	Torus	torus	toro
triglyphe	Triglyphe	triglyph	triglifo
tuile	Ziegel	tile	tegola
tuscan	tuskanisch	tuscan	tuscanico
tympon du fronton	Tympanon	tympanum	timpano
volute	Volute	volute	voluta
volute angulaire, crosse angulaire	Eckvolute	corner volute	voluta angolare

ENGLISCH	deutsch	französisch	italienisch
abacus	Abakus/Deckplatte	abaque	abaco
acanthus	Akanthus	(feuille d')acanthe	acanto
acroterion	Akroter	acrotère	acroterio, acroterium
acroterion of the ridge	Firstakroter	acrotère faîtier	
aedicule	Aedicula/Ädikula	édicule	edicola
aeolic	äolisch	éolique	eolico
altar	Altar	autel	altare
ambulatory	Diazoma		
amphiprostyle	Amphiprostylos	amphiprostyle	anfiprostilo
angle contraction	Eckkontraktion	contraction angulaire	contrazione angolare
angle contraction problem	Eckkonflikt		
annulets	Anuli	annelets	anuli, aneletti
anta	Ante	ante	anta
anta capital	Antenkapitell	chapiteau d'ante	
antefix	Antefix	antéfixe	antefissa
anthemion	Anthemion	anthémion (à Palmettes et fleurs lotus)	antemio
apophyge *s. foot, hypotrachelium*			
architrave, epistyle	Architrav	architrave	architrave, epistilio
arris	Grat (bei Kannelur)	crêt	
astragal, bead and reel, bead moulding	Astragal	astragale, perles et/entre pirouettes	astragalo
attic	Attika (als Bauglied)	attique	attico
balteus	Balteus (ion. Kap.)	baudrier	balteo
bead	Perle (im Astragal)	perle	
bead and reel, bead moulding *s. astragal*			
beam	Balken	poutre	
blossom	Blüte	fleuron	
bracket	Türkonsole		mensola
calathus, kalathos	Kalathos	calathus, kalathos, corbeille, corps	calato
canalis, canal, channel	Canalis	canal	canale
capital	Kapitell	chapiteau	capitello
cauliculus	Caulis	caulicule, caulicole	caule, caulicolo
ceiling	Decke	plafond, ciel	soffitto, solaio
channel *s. canalis*			

ENGLISCH	deutsch	französisch	italienisch
chevron	Dachsparre	chevron	
cinture s. *fillet*			
coffer	Kassette	caisson	cassettone
column	Säule	colonne	colonna
concave mould	Hohlkehle	gorge	scanalatura
console, modillion	Konsole	console, modillon	mensola
corinthian	korinthisch	corinthien	corinzio
corner capital	Eckkapitell	chapiteau d'angle	capitello angolare
corner volute	Eckvolute	volute angulaire, crosse angulaire	voluta angolare
cornice, geison, corona	Geison	corniche	cornice, cornicione
crepidoma	Krepis	crépis	krepis, crepidine, crepidoma
curvature, refinements	Kurvatur	courbure, raffinements	curvatura
cyma, cymatium	Kyma/Kymation	kymation	kymation
cyma recta s. *ovolo*			
cyma reversa s. *lesbian cyma*			
dentils	Zahnschnitt	denticules	dentelli
dipteral	Dipteros		diptero
doorway s. *jamb*			
doric	dorisch	dorique	dorico
doric frieze	Triglyphon/ Triglyphenfries	frise dorique	fregio dorico
drum	Trommel (einer Säule)	tombour	rocchio
echinus	Echinus	échine, echinus	echino
egg-and-dart, egg-and-tongue s. *ovolo*			
engaged column, half column	Halbsäule	demi-colonne	
entablature	Gebälk	entablement	trabeazione
entasis	Entasis	entasis	rigonfiamento
epistyle s. *architrave*			
eye	Auge (der Volute)	œil	occhio, occhiello
fascia, fillet	Faszie	fasce (de l'architrave)	fascia
fillet, cincture	Steg (zwischen Kaneluren)	méplat	listello
fleuron	Abakusblüte	fleuron axial	fiore d(ell)'abaco

ENGLISCH	deutsch	französisch	italienisch
flute, fluting, groove	Kannelur	cannelure	scanalatura, stria
foot, apophyge	Fuß (einer Säule)/ Anlauf	pied, apophygé	apofige, imo scapo
frieze	Fries	frise	fregio
geison s. *cornice*			
greek key s. *maeander*			
groove s. *flute*			
guttae	Tropfen/Guttae	gouttes	goccie
half column s. *engaged column*			
header	Binder	boutisse	blocco legante
heart-and-dart s. *lesbian cyma*			
helix	Helix/Helices	crosse médiane, helix	elice
hypotrachelium, apophyge	Säulenhals	hypotrachélion, gorgerin, collet, collier du fût, sommet du fût, terminaison du fût, apophygé	hypotrachelium, collarino, sommo scapo, apofige
inclination	Neigung (der Säule)	inclination	inclinazione
interaxial	Joch/Säulenjoch	entraxe	interasse
intercolumniation	Interkolumnium	entrecolonnement	intercolumnio
ionic	ionisch	ionique	ionico
jamb, reveal, doorway	Laibung	encadrement, embrasure	stipite della porta, imbotte
leaf	Blatt	pétale, feuille	foglio
lesbian cyma, heart-and-dart, leaf-and-dart, cyma reversa	lesbisches Kyma = Blattstab	kymation lesbique, rais-de-cœur, file de feuilles, feuilles imbriquées, rang de feuillet	tondino fitomorfo
lintel	Sturz	linteau, encadrement	architrave
maeander, meander, greek key	Mäander	méandre	
metope	Metope	métope	metopa
modillion s. *console*			
modillion frieze	Konsol(en)geison	corniche à modillons	

ENGLISCH	deutsch	französisch	italienisch
monopteral	Monopteros	monoptère	monoptero
mould(ing)	Profil(leiste)	moulure	
mutule	Mutulus	mutulus, mutule	mutulo
nich	Nische	niche	nicchia
opist(h)odomus, porch in the rear	Opisthodom		opistodomo
order	Ordnung	ordre	ordine
ornament, mould(ing)	Ornament(leiste) Muster, Profilleiste	moulure	ornamento
orthostates	Orthostat	orthostate	ortostato
outlet for water, waterspout	Wasserspeier	gargouille	(bocca di) doccione, gocciolatoio
ovolo, egg-and-dart, egg-and-tongue, cyma recta	ionisches Kyma = Eierstab	kymation ionique, ovolo, bande d'oves (et de dards)	ovuli, ovoli
pattern	Muster, Ornament	dessin, décor	
pediment	Giebel	fronton	frontone
peripteral	Peripteros	periptère	periptero
peristyle	Peristyl	peristyle	peristilio
pier	Pfeiler	pilier	pila, pilone
pilaster	Pilaster	pilastre	pilastro
pillar *s. pier*			
plinth	Plinthe	plinthe	plinto
podium	Podium	podiom	podio
porch in front *s. pronaos*			
porch in the rear *s. opist(h)odomus*			
pour-channel	Gußkanal		
prima corona	Kranzblatt	première couronne, couronne inférieure, ima folia	
pronaos, porch in front	Pronaos		pronao
prostyle	Prostylos		prostilio
pseudo-dipteral	Pseudodipteros		
pseudo-peripteral	Pseusoperipteros		
pulvinus, baluster side	Pulvinus		pulvino
raking cornice	Schräggeison	corniche rampante	
reel	Linse (im Astragal)	pirouette	

ENGLISCH	deutsch	französisch	italienisch
refinements s. *curvature*			
reveal s. *jamb*			
ridge	First	faîte, arête d'un toi	colmo, linea di colmo
rinceau	Ranke	rinceau	
roof	Dach	toiture	tetto
rough hewn	Bosse	bosse	
round temple s. *tholos*			
running dog	Laufender Hund	bande de vagues	can corrente
scotia	Scotia	scotie	scozia
shaft	Schaft (einer Säule)	fût	fusto, scapo, stelo, tronco
soffit	Soffitte	soffitte, soffite	soffitto
step	Stufe	degré	scalino
temple	Tempel	temple	tempio
temple in antis	Antentempel	temple in antis	tempio in antis
tholos, round temple	Tholos		tholos, tempio rotondo
through-stone s. *header*			
tile	Ziegel	tuile	tegola
torus	Torus	tore	toro
triglyph	Triglyphe	triglyphe	triglifo
tuscan	tuskanisch	tuscan	tuscanico
tympanum	Tympanon	tympon du fronton	timpano
volute	Volute	volute	voluta
waterspout s. *outlet for water*			
wave pattern s. *running dog*			
zoomorphic capital	Figuralkapitell	chapiteau figuré	

ITALIENISCH	deutsch	französisch	englisch
abaco	Abakus/Deckplatte	abaque	abacus
acanto	Akanthus	(feuille d')acanthe	acanthus
acroterio, acroterium	Akroter	acrotère	acroterion
altare	Altar	autel	altar
anfiprostilo	Amphiprostylos	amphiprostyle	amphiprostyle
anta	Ante	ante	anta
antefissa	Antefix	antéfixe	antefix
antemio	Anthemion	anthémion (à Palmettes et fleurs lotus)	anthemion
anuli, aneletti	Anuli	annelets	annulets
apofige, imo scapo *v. anche hypotrachelium*	Fuß (einer Säule)/ Anlauf	pied, apophygé	foot, apophyge
architrave	Sturz	linteau, encadrement	lintel
architrave, epistilio	Architrav	architrave	architrave, epistyle
astragalo	Astragal	astragale, perles et/ entre pirouettes	astragal, bead and reel, bead moulding
attico	Attika (als Bauglied)	attique	attic
balteo	Balteus (ion. Kap.)	baudrier	balteus
calato	Kalathos	calathus, kalathos, corbeille, corps	calathus, kalathos
calice	Calix	calice	
can corrente	Laufender Hund	bande de vagues	running dog
canale	Canalis	canal	canalis, canal, channel
capitello	Kapitell	chapiteau	capital
capitello a foglie	Blattkelch-/ Blattkranzkapitell	chapiteau à godrons, chap. en corolle, chap. à feuilles dréssées	
capitello angolare	Eckkapitell	chapiteau d'angle	corner capital
cassettone	Kassette	caisson	coffer
caule, caulicolo	Caulis	caulicule, caulicole	cauliculus
collarino *v. hypotrachelium*			
colmo, linea di colmo	First	faîte, arête d'un toi	ridge
colonna	Säule	colonne	column
contrazione angolare	Eckkontraktion	contraction angulaire	angle contraction
corinzio	korinthisch	corinthien	corinthian

ITALIENISCH	deutsch	französisch	englisch
cornice, cornicione	Geison	corniche	cornice, geison, corona
crepidine v. *krepis*			
curvatura	Kurvatur	courbure, raffinements	curvature, refinements
dentelli	Zahnschnitt	denticules	dentils
diptero	Dipteros		dipteral
(bocca di) doccione, gocciolatoio	Wasserspeier	gargouille	outlet for water, waterspout
dorico	dorisch	dorique	doric
echino	Echinus	échine, echinus	echinus
edicola	Aedicula/Ädikula	édicule	aedicule
elice	Helix/Helices	crosse médiane, helix	helix
eolico	äolisch	éolique	aeolic
epistilio v. *architrave*			
fascia	Faszie	fasce (de l'architrave)	fascia, fillet
fiore d(ell)'abaco	Abakusblüte	fleuron axial	fleuron
foglio	Blatt	pétale, feuille	leaf
fregio	Fries	frise	frieze
fregio dorico	Triglyphon/ Triglyphenfries	frise dorique	doric frieze
frontone	Giebel	fronton	pediment
fusto, scapo, stelo, tronco	Schaft (einer Säule)	fût	shaft
goccie	Tropfen/Guttae	gouttes	guttae
gocciolatoio v. *(bocca di) doccione*			
hypotrachelium, collarino, sommo scapo, apofige	Säulenhals	hypotrachélion, gorgerin, collet, collier du fût, sommet du fût, terminaison du fût, apophygé	hypotrachelium, apophyge
imbotte v. *stipite della porta*			
imo scapo v. *apofige*			
inclinazione	Neigung (der Säule)	inclination	inclination
interasse	Joch/Säulenjoch	entraxe	interaxial

ITALIENISCH	deutsch	französisch	englisch
intercolumnio	Interkolumnium	entrecolonnement	intercolumniation
ionico	ionisch,	ionique	ionic
krepis, crepidine, crepidoma	Krepis	crépis	crepidoma
kymation	Kyma/Kymation	kymation	cyma, cymatium
linea di colmo *v. colmo*			
listello	Steg (zwischen Kaneluren)	méplat	fillet, cincture
mensola	Konsole	console, modillon	console, modillion
mensola	Türkonsole		bracket
metopa	Metope	métope	metope
monoptero	Monopteros	monoptère	monopteral
mutulo	Mutulus	mutulus, mutule	mutule
nicchia	Nische	niche	nich
occhio, occhiello	Auge (der Volute)	œil	eye
opistodomo	Opisthodom		opist(h)odomus, porch in the rear
ordine	Ordnung	ordre	order
ornamento	Ornament(leiste) Muster, Profilleiste	moulure	ornament, mould(ing)
ortostato	Orthostat	orthostate	orthostates
ovuli, ovoli	ionisches Kyma = Eierstab	kymation ionique, ovolo, bande d'oves (et de dards)	ovolo, egg-and-dart, egg-and-tongue, cyma recta
periptero	Peripteros	periptère	peripteral
peristilio	Peristyl	peristyle	peristyle
pila, pilone	Pfeiler	pilier	pier
pilastro	Pilaster	pilastre	pilaster, pier
plinto	Plinthe	plinthe	plinth
podio	Podium	podiom	podium
pronao	Pronaos		pronaos, porch in front
prostilio	Prostylos		prostyle
rigonfiamento	Entasis	entasis	entasis
rocchio	Trommel (einer Säule)	tombour	drum

ITALIENISCH	deutsch	französisch	englisch
scalino	Stufe	degré	step
scanalatura	Hohlkehle	gorge	concave mould
scanalatura, stria	Kannelur	cannelure	flute, fluting, groove
scapo *v. fusto*			
scozia	Scotia	scotie	scotia
seconda corona, secunda folia	Hochblatt	seconde couronne, couronne supérieure	
soffitto	Soffitte	soffitte, soffite	soffit
soffitto, solaio	Decke	plafond, ciel	ceiling
sommo scapo *v. hypotrachelium*			
stelo *v. anche fusto*	Stengel	tige	
stipite della porta, imbotte	Laibung	encadrement, embrasure	jamb, reveal, doorway
stria *v. scanalatura*			
tegola	Ziegel	tuile	tile
tempio	Tempel	temple	temple
tempio in antis	Antentempel	temple in antis	temple in antis
tetto	Dach	toiture	roof
tholos, tempio rotondo	Tholos		tholos, round temple
timpano	Tympanon	tympon du fronton	tympanum
tondino fitomorfo	lesbisches Kyma = Blattstab	kymation lesbique, rais-de-cœur, file de feuilles, feuilles imbriquées, rang de feuillet	lesbian cyma, heart-and-dart, leaf-and-dart, cyma reversa
toro	Torus	tore	torus
trabeazione	Gebälk	entablement	entablature
triglifo	Triglyphe	triglyphe	triglyph
tronco *v. fusto*			
tuscanico	tuskanisch	tuscan	tuscan
voluta	Volute	volute	volute
voluta angolare	Eckvolute	volute angulaire, crosse angulaire	corner volute

Die Literaturhinweise beschränken sich auf grundlegende und allgemeine, einführende oder neuere Arbeiten und erheben keinerlei Anspruch auf Vollständigkeit. Die Titel sind thematisch, und innerhalb der Themen chronologisch geordnet. Auf Zitierweise und Abkürzungen des Deutschen Archäologischen Instituts wird hingewiesen; vgl. Archäologischer Anzeiger 1992, 743 ff.; W. Hermann – R. Neudecker, Archäologische Bibliographie 1993 (1994) IX ff.
Hier werden folgende Abkürzungen verwendet:

AA	Archäologischer Anzeiger
AAS	Annales archéologiques arabes syriennes
AbhGöttingen	Abhandlungen der Akademie der Wissenschaften in Göttingen, Philologisch-historische Klasse
AbhMünchen	Bayerischen Akademie der Wissenschaften, Philosophisch-historische Klasse. Abhandlungen
AF	Archäologische Forschungen
AJA	American Journal of Archaeology
AM	Mitteilungen des Deutschen Archäologischen Instituts, Athenische Abteilung
AnalRom	Analecta romana Instituti Danici
ANRW	Aufstieg und Niedergang der Römischen Welt
ArchCl	Archeologia Classica
BAH	Bibliothèque archéologique et historique
BEFAR	Bibliothèque des Écoles Françaises d'Athènes et de Rome
Beih.	Beiheft
BJb	Bonner Jahrbücher des Rheinischen Landesmuseums in Bonn
BSR	Papers of the British School at Rome
BWPr	Berliner Winckelmann-Programm
DaF	Damaszener Forschungen
DaM	Damaszener Mitteilungen
DiskAB	Diskussionen zur antiken Bauforschung
EAA	Enciclopedia dell'arte antica classica e orientale
EFR	École Française de Rome
Ergh.	Ergänzungsheft
GGA	Göttinger Gelehrter Anzeiger
IstMitt	Istanbuler Mitteilungen
JdI	Jahrbuch des Deutschen Archäologischen Instituts
JRA	Journal of Roman Archaeology
JRS	Journal of Roman Studies
KölnJb	Kölner Jahrbuch
MarbWPr	Marburger Winckelmann-Programm
ÖJh	Jahreshefte des Österreichischen Archäologischen Instituts
OpRom	Opuscula Romana
PEQ	Palestine Exploration Quarterly

PF	Pergamenische Forschungen
RA	Revue Archéologique
RdA	Rivista di Archeologia
RE	Paulys Realencyclopädie der classischen Altertumswissenschaft
Rez.	Rezension
RGF	Römisch-Germanische Forschungen
RM	Mitteilungen des Deutschen Archäologischen Instituts, Römische Abteilung
SoSchrÖAI	Sonderschriften des Österreichischen Archäologischen Instituts
Suppl.	Supplement/Supplementary Series
TrWPr	Trierer Winckelmann-Programm
ZDPV	Zeitschrift des Deutschen Palästina-Vereins

ALLGEMEINE KUNSTGESCHICHLICHE GRUNDLAGEN UND ÜBERBLICKSWERKE

A. Riegl, Stilfragen. Grundlegung zu einer Geschichte der Ornamentik (1893/1985)
F. S. Meyer, Systematisch geordnetes Handbuch der Ornamentik[2] (1927/1997)
J. Summerson, Die klassische Sprache der Architektur, aus dem Englischen übersetzt von W. Koenigs (1983)
G. Irmscher, Kleine Kunstgeschichte des europäischen Ornaments seit der frühen Neuzeit (1400–1900) (1984)
G. Binding, Architektonische Formenlehre[4] (Darmstadt 1998)

GRIECHISCHE UND RÖMISCHE ARCHITEKTUR

Lexika

F. Ebert, Fachausdrücke des griechischen Bauhandwerks I: Der Tempel (1910)
W. Koch, Baustilkunde[22] (1998).
R. Ginouvès – R. Martin, Dictionnaire méthodique de l'architecture grecque et romaine I (1985); II (1992); III (1998); = Collection de l'École Française de Rome 84; Rez.: M. Küpper, BJb 196, 1996, 740 ff.; K. Nohlen, Gnomon 70, 1998, 139 ff.
W. Müller – G. Vogel, dtv-Atlas zur Baukunst[13] (2002)
W. Martini, Sachwörterbuch der Klassischen Archäologie (2003)

Bibliographie

CNRS-IRAA/Lyon, Bulletin analytique d'architecture du monde grec 1–5, RA 1992, 273 ff.; RA 1994, 374 ff.; RA 1996, 293 ff.; RA 1998, 311 ff.; RA 2000, 341 ff. (ausführliche Bibliographie neu erschienener Lit. mit Kurzkommentaren)

Handbücher/Einführungen

A. Neuburger, Die Technik des Altertums (1919/1996) 350 ff.
D. S. Robertson, A Handbook of Greek and Roman Architecture (1929)

M. Lyttelton, Baroque Architecture in Classical Antiquity (1974)
W. Müller, Architekten in der Welt der Antike (1989)
G. R. H. Wright, Ancient Building Technology I (2000) 89ff. 110ff. (Lit.)
B. Borg, Architektur in: T. Hölscher, Klassische Archäologie. Grundwissen (Darmstadt 2002) 141ff.

Kongresse/Symposien zu bestimmten Themen

U. Jantzen (Hrsg.), Neue Forschungen in griechischen Heiligtümern. Intern. Symposion Olympia 1974 (1976)
Deutsches Archäologisches Institut (Hrsg.), Bauplanung und Bautheorie der Antike. Koll. Berlin 1983; DiskAB 4 (1983)
S. Macready – F. H. Thompson (Hrsg.), Roman Architecture in the Greek World (1987)
A. Hoffmann u. a. (Hrsg.), Bautechnik der Antike. Intern. Koll. Berlin 1990, DiskAB 5 (1991)
E.-L. Schwandner (Hrsg.), Säule und Gebälk. Zu Struktur und Wandlungsprozeß griechisch-römischer Architektur. Koll. Berlin 1994, DiskAB 6 (1996)
L. Haselberger (Hrsg.), Appearance and Essence. Refinements of Classical Architecture: Curvature. Symposium Philadelphia 1993 (1999)

Steinbrüche/Baumaterial

H. Mielsch, Buntmarmore aus Rom im Antikenmuseum Berlin (1985)
P. Pensabene (Hrsg.), Marmi antichi (1985)
N. Hertz - M. Waelkens (Hrsg.), Classical Marble: Geochemistry, Technology, Trade (1988)
M. Waelkens (Hrsg.), Pierre éternelle du Nil au Rhin. Carrières et préfabrication (1990)
M. Korres, Vom Penteli zum Parthenon. Werdegang eines Kapitells vom Steinbruch zum Tempel (1992)
P. Pensabene, Marmi antichi II (1998)
M. De Nuccio – L. Ungaro, I marmi colorati della Roma imperiale (2002)

GRIECHISCHE ARCHITEKTUR (zu Vitruv s. »Römische Architektur«)

Allgemein

J. Durm, Die Baukust der Griechen[3] (1910)
W. B. Dinsmoor, The Architecture of Ancient Greece. An Account of its Historical Development[3] (1950/1975)
C. Krause, Griechische Baukunst, in: K. Schefold, Die Griechen und ihre Nachbarn, Propyläen Kunstgeschichte Bd. 2 (1967) 230ff.
J. J. Coulton, Greek Architects at Work (1977)
B. Wesenberg, Beiträge zur Rekonstruktion griechischer Architektur nach literarischen Quellen, 9. Beih. AM (1983); Rez.: W. Koenigs, Gnomon 57, 1985, 446ff.
H. Knell, Grundzüge der griechischen Architektur[2] (Darmstadt 1988)
W. Müller-Wiener, Griechisches Bauwesen in der Antike (1988)
B. A. Barletta, The Origins of the Greek Architectural Orders (2001)
M.-Chr. Hellmann, L'architecture grecque 1: Les principes de la construction (2002)

Geometrische und archaische Zeit

C. Weickert, Typen der archaischen Architektur in Griechenland und Kleinasien (1929)

H. Drerup, Griechische Baukunst in geometrischer Zeit, Archaeologia Homerica 2/O (1969)

I. Beyer, Die Tempel von Dreros und Prinias A und die Chronologie der kretischen Kunst des 8. und 7. Jhs. v. Chr. Diss. Freiburg (1976)

Klassik

A. von Gerkan, Der Altar des Athenatempels in Priene, BJb 129, 1924, 15 ff. = E. Boehringer (Hrsg.), Von antiker Architektur und Topographie. Gesammelte Aufsätze von Arnim von Gerkan (1959) 13 ff.

H. Knell, Perikleische Baukunst (Darmstadt 1979)

Hellenismus

R. Delbrueck, Hellenistische Bauten in Latium I–II (1907/1912); Nachdruck und ital. Übersetzung 1979

R. Vallois, L'architecture hellénique et hellénistique à Délos jusqu'à l'éviction des Déliens (166 av. J.-C.) I (1944/1966); II (1978)

H. Lauter, Die Architektur des Hellenismus (Darmstadt 1986)

W. Hoepfner – E. L. Schwandner (Hrsg.), Hermogenes und die hochhellenistische Architektur. Koll. Berlin 1988 (1990)

K. Müller, Hellenistische Architektur auf Paros, AF 20 (2003)

Einzelne Bautypen

Tempel und Heiligtümer

H. Riemann, Zum griechischen Peripteraltempel. Seine Planidee und ihre Entwicklung bis zum Ende des 5. Jahrhunderts (1935)

C. Weickert, Der Tempel, in: W. Kraiker (Hrsg.), Hellas. Kunst der Griechen (1943) 25 ff.

H. Koch, Der griechisch-dorische Tempel (1951)

F. Krauss, Paestum. Die griechischen Tempel (1964)

H. Kähler, Der griechische Tempel. Wesen und Gestalt (1964/1981)

L. Haselberger, Bericht über die Arbeit am jüngeren Apollontempel von Didyma. Zwischenbericht, IstMitt 33, 1983, 91 ff.

L. Haselberger, Die Bauzeichnungen des Apollontempels von Didyma, Architectura 13, 1983, 13 ff.

D. Mertens, Der Tempel von Segsta und die dorische Tempelbaukunst des griechischen Westens in klassischer Zeit (1984)

F. Seiler, Die griechische Tholos. Untersuchungen zur Entwicklung, Typologie und Funktion kunstmäßiger Rundbauten (1986)

D. Mertens, Der Alte Heratempel in Paestum und die archaische Baukunst in Unteritalien (1993)

G. Gruben, Griechische Tempel und Heiligtümer[5] (2001)

Theater/Exedrabauten

E. R. Fiechter, Die baugeschichtliche Entwicklung des antiken Theaters (1914)

M. Bieber, The History of the Greek and Roman Theatre (1961)
R. Meinel, Das Odeion (1980)
C. Courtois, Le bâtiment de scène des théâtres d'Italie et de Sicile (1989)
S. Freifrau von Thüngen, Die frei stehende griechische Exedra (1994); Rez.: J.-Ch. Moretti, L'Antiquité classique 65, 1996, 548 f.

Hallen/Paläste
J. J. Coulton, The Architectural Development of the Greek Stoa (1976)
I. Nielsen, Hellenistic Palaces (1994)
W. Hoepfner – G. Brands (Hrsg.), Basileia. Die Paläste der hellenistischen Könige. Symposion Berlin 1992 (1996)

Städtebau/Wohnarchitektur/Bäder
Ph. Bruneau – J. Ducat, Guide de Delos^3 (1983)
W. Schuller – W. Hoepfner – E. L. Schwandner (Hrsg.), Demokratie und Architektur, Symposium Konstanz 1987 (1989)
W. Hoepfner – E. L. Schwandner, Haus und Stadt im klassischen Griechenland^2 (1994); Rez.: Y. Grandjean, L'Antiquité classique 65, 1996, 544 ff.
W. Hoepfner (Hrsg.), Geschichte des Wohnens I: 5000 v. Chr. – 500 n. Chr. (1999)
M. Hoffmann, Griechische Bäder (1999)
W. Hoepfner (Hrsg.), Antike Bibliotheken (2002)

Grabarchitektur
B. Gossel, Makedonische Kammergräber. Diss. München 1979 (1980)
J. Fedak, Monumental Tombs of the Hellenistic Age: A Study of Selected Tombs from Pre-Classical to the Early Roman Imperial Era (1990)

Einzelne Bauformen
Gebälke (s. auch röm. Bauornamentik)
A. von Gerkan, Zum Gebälk des Athenatempels in Priene, AM 43, 1918, 165 ff. = E. Boehringer (Hrsg.), Von antiker Architektur und Topographie. Gesammelte Aufsätze von Arnim von Gerkan (1959) 1 ff.
A. von Gerkan, Die Herkunft des dorischen Gebälks, JdI 63/64, 1948/49, 1 ff. = E. Boehringer (Hrsg.), Von antiker Architektur und Topographie. Gesammelte Aufsätze von Arnim von Gerkan (1959) 382 ff.
H. Kähler in: EAA III (1960) 731 ff. s. v. fregio
M. Wegner in: EAA V (1963) 713 ff. s. v. ordini architettonici; dazu ders. in: EAA Atlante dei complessi figurativi (1973) 14 ff. Taf. 290–384 s. v. ordini architettonici
H. von Hesberg, Konsolengeisa des Hellenismus und der frühen Kaiserzeit, 24. Ergh. RM (1980)
W. von Sydow, Die hellenistischen Gebälke in Sizilien, RM 91, 1984, 239 ff. Taf. 80–93
N. Weickenmeier, Theoriebildung zur Genese des Triglyphon – Versuch einer kritischen Bestandsaufnahme. Diss. Darmstadt (1985)
H. J. Kienast, Zum dorischen Triglyphenfries, AM 117, 2002, 53 ff.
M. Wilson Jones, Tripods, Triglyphs, and the Origin of the Doric Frize, AJA 106, 2002, 353 ff.

Bauplastik

R. Demangel, La frise ionique, BEFAR 136 (1932)
E. Lapalus, Le fronton sculpté en Grèce, BEFAR 165 (1947)
H. Kähler, Das griechische Metopenbild (1949)
A. Schmidt-Colinet, Antike Stützfiguren. Untersuchungen zu Typologie, Chronologie und Interpretation der menschengestaltigen Architekturstütze in der griechischen und römischen Kunst (1977)
F. Felten, Griechische tektonische Friese archaischer und klassischer Zeit (1984)
M. Mertens-Horn, Die Löwenkopf-Wasserspeier des griechischen Westens im 6. und 5. Jahrhundert v. Chr., 28. Ergh. RM (1988)
K. Tancke, Figuralkassetten griechischer und römischer Steindecken (1989)
M. Oppermann, Vom Medusenbild zur Athenageburt. Bildprogramme griechischer Tempelgiebel (1990)
H. Knell, Mythos und Polis. Bildprogramme griechischer Bauskulptur (Darmstadt 1992); Rez.: T. Hölscher, BJb 192, 1992, 607ff.

Bauornamentik (s. auch Bauformen)

Allgemein

M. Schede, Das antike Traufleistenornament (1909)
C. Weickert, Das Lesbische Kymation. Ein Beitrag zur Geschichte der antiken Ornamentik (1913)
L.T. Shoe, Profiles of Greek Mouldings (1936)
L.T. Shoe, Profiles of Western Greek Mouldings (1952)
H. Möbius, Die Ornamente der griechischen Grabstelen klassischer und nachklassischer Zeit[2] (1968)
M. Pfrommer, Großgriechischer und mittelitalischer Einfluß in der Rankenornamentik frühhellenistischer Zeit, JdI 97, 1982, 119ff.
J. Ganzert, Zur Entwicklung lesbischer Kymationfomen, JdI 98, 1983, 123ff.
S. Altekamp, Zur griechischen Architekturornamentik im 6. und 5. Jahrhundert v. Chr. (1991)
U. Wallat, Ornamentik auf Marmorsimen des griechischen Mutterlandes (1991)
F. Rumscheid, Untersuchungen zur kleinasiatischen Bauornamentik des Hellenismus (1994)
M. Fischer – O. Tal, Architectural Decoration in Ancient Israel in Hellenistic Times, ZDPV 19, 2003, 19ff. Taf. 2–6

Säulen/Anten

F. v. Luschan, Entstehung und Herkunft der ionischen Säule (1912)
A. D. Brockmann, Die griechisch Ante (1968)
D. Wannagat, Säule und Kontext. Piedestale und Teilkannelierung in der griechischen Architektur (1995)
B. Wesenberg, Die Theorie der Entasis, AA 1999, 79ff.

Kapitelle und Basen (s. auch römische Kapitelle)

L.T. Shoe, The Geographical Distribution of Greek and Roman Ionic Bases, Hesperia 38, 1969, 186ff.

E. von Mercklin, Antike Figuralkapitelle (1962)
M. Wegner in: EAA V (1963) 713ff. s. v. ordini architettonici; dazu: EAA Atlante dei complessi figurativi (1973) 14ff. Taf. 290–384 s. v. ordini architettonici
E. Makowiecka, Acanthus-base. Alexandrian Form of Architectural Decoration at Ptolemaic and Roman Period, Etudes et Travaux III (1969) 116 ff.
B. Wesenberg, Kapitelle und Basen. Beobachtungen zur Entstehung der griechischen Säulenformen, 32. Beih. BJb (1971)
A. Bammer, Hellenistische Kapitelle aus Ephesos, AM 88, 1973, 219ff.
H. Bauer, Korinthische Kapitelle des 4. und 3. Jahrhunderts v. Chr., 3. Ergh. AM (1973)
O. Bingöl, Das ionische Normalkapitell in hellenistischer und römischer Zeit in Kleinasien, IstMitt Beih. 20 (1980)
Ch. Vasdaris, Das dorische Kapitell in der hellenistisch-römischen Zeit im östlichen Mittelmeerraum (1987)
W. Kirchhoff, Die Entwicklung des jonischen Volutenkapitells im 6. und 5. Jhd. v. Chr. und seine Entstehung (1988)
P. Pedersen, The Parthenon and the Origin of the Corinthian Capital (1989)
Ch. Schreiter, Hellenistische und römische Kelchbasen, DaM 9, 1996, 113 ff.

RÖMISCHE ARCHITEKTUR

Vitruv und Vitruvrezeption

Primärquelle

C. Fensterbusch (Hrsg.), Vitruvii de architectura libri decem. Vitruv Zehn Bücher über Architektur (lat. und dt. Text, Darmstadt 1964, 5. Aufl. 1991)
H. Nohl (Hrsg.), Index Vitruvianus (1876, Darmstadt 1977)

Sekundärliteratur zu Vitruv

B. Wesenberg, Beiträge zur Rekonstruktion griechischer Architektur nach literarischen Quellen, 9. Beih. AM (1983); Rez.: W. Koenigs, Gnomon 57, 1985, 446 ff.
H. Knell – B. Wesenberg (Hrsg.), Vitruv-Kolloquium des Deutschen Archäologen-Verbandes e. V. Darmstadt 1982, Schriften des Deutschen Archäologen-Verbandes 8 (1984)
F. Zöllner, Vitruvs Proportionsfigur (1987)
H. Knell, Vitruvs Architekturtheorie^2 (Darmstadt 1991)
G. Germann, Einführung in die Geschichte der Architekturtheorie^3 (Darmstadt 1993)
I. D. Rowland – T. Noble Howe (Hrsg.), Vitruvius. Ten Books on Architecture (1999)

Römische Architektur, allgemein

R. Delbrueck, Hellenistische Bauten in Latium I–II (1907/1912); Nachdruck und ital. Übersetzung 1979
E. B. Smith, Architectural Symbolism of Imperial Rome and the Middle Ages (1956)
L. Crema, L'architettura romana. Enciclopedia Classica III 12,1 (1959)
H. Drerup, Architektur als Symbol. Zur zeitgenössischen Bewertung der römischen Architektur, Gymnasium 73, 1966, 181 ff.

F. Rakob, Römische Architektur, in: Th. Kraus, Das römische Weltreich. Propyläen Kunstgeschichte Bd. 2 (1967) 153 ff.

L. Crema, L'architettura romana nell'età della repubblica, in: ANRW IV 1–2 (1973) 633 ff. Abb. 1-49

A. Boethius – J. B. Ward-Perkins, Etruscan and Roman Architecture (1970); dt.: Architektur der Römer (1975)

J. B. Ward-Perkins, Roman Imperial Architecture^{2} (1981)

W. L. MacDonald, The Architecture of the Roman Empire I-II (1965, ^{2}1982/1986)

P. Gros, Architettura e società nell'Italia romana (1987)

J.-P. Adam, La construction romaine (1989); engl.: Roman Building (1994)

J. B. Ward-Perkins, Studies in Roman and Early Christian Architecture (Aufsatzsammlung 1994)

I. M. Barton (Hrsg.), Roman Public Buildings^{2} (1995/2003)

P. Gros, L'architecture romaine I–II (1996/2001)

M. Wilson Jones, Principles of Roman Architecture (2001); Rez.: T. Noble Howe, JRA 15, 2002, 465 ff.

R. Taylor, Roman Builders. A Study in Architectural Process (2003)

Einzelne Bautypen

Tempel und Heiligtümer

W. Binder, Der Roma-Augustus-Monopteros auf der Akropolis in Athen und sein typologischer Ort (1969)

H. Kähler, Der römische Tempel (1970/1982)

P. Gros, Aurea templa, BEFAR 231 (1976)

I. M. Barton, Capitoline Temples in Italy and the Provinces, in: ANRW II 12/1 (1982) 259 ff. Taf. 1–7

K. S. Freyberger, Die frühkaiserzeitlichen Heiligtümer der Karawanenstationen im hellenisierten Osten, DaF 6 (1998); Rez.: M. Gawlikowski, Topoi 8, 1998, 381 ff.; M. Fischer, JRA 13, 2000, 678 ff.

T. Mattern, »Vielheit« und »Einheit«. Zu Erscheinungsbild und Wirkung römischer Tempelarchitektur, BJb 199, 1999, 1 ff.

Th. Schulz, Die römischen Tempel im Heraion von Samos I: Die Prostyloi, Samos Bd. 24 (2002)

Andere öffentliche Bauten und Platzanlagen

K. Ohr, Die Basilika in Pompeji (1973)

C. de Ruyt, Macellum. Marché alimentaire des romains (1983)

J. B. Ward-Perkins, From Republic to Empire. Reflections on the Early Provincial Architecture of the Roman West, JRS 60, 1970, 1 ff.; dt.: Von der Republik zur Kaiserzeit [...], in: G. Binder (Hrsg.), Saeculum Augustum III: Kunst und Bildersprache (Darmstadt 1991) 112 ff. Taf. 12–14

J.-Ch. Balty, Curia ordinis. Recherches d'architecture et d'urbanisme antiques sur les curies provinciales du monde romain (1991); Rez.: P. Trousset, L'Antiquité classique 65, 1996, 574 f.

J. Eingartner, Fora, Capitolia und Heiligtümer im westlichen Nordafrika, in: H.-J. Schalles u.a. (Hrsg.), Die römische Stadt im 2. Jahrhundert n. Chr. Der Funktionswandel im öffentlichen Raum. Koll. Xanten 1990 (1992) 213ff.
H.-J. Schalles, Forum und zentraler Tempel im 2. Jahrhundert n. Chr., in: H.-J. Schalles u.a. (Hrsg.), Die römische Stadt im 2. Jahrhundert n. Chr. Koll. Xanten 1990 (1992) 183ff.
A. Nünnerich-Asmus, Basilika und Portikus (1994)
G. Bejor, Vie colonnate. Paesaggi urbani del mondo antico, RdA Suppl. 22 (1999); Rez.: S. B. Downey, JRA 14/2, 2001, 640f.
L. Casson, Libraries in the Ancient World (2001); Rez.: T. Keith Dix, JRA 15, 2002, 469ff.
C. Kleinwächter, Platzanlagen nordafrikanischer Städte. Untersuchungen zum sogenannten Polyzentrismus in der Urbanistik der römischen Kaiserzeit (2001); Rez.: P. Gros, JRA 15, 2002, 590ff.
W. Hoepfner (Hrsg.), Antike Bibliotheken (2002)
C. Vaughan Walthew, A Metrological Study of the Early Roman Basilicas (2002)

Theater/Stadien
E. R. Fiechter, Die baugeschichtliche Entwicklung des antiken Theaters (1914)
M. Bieber, The History of the Greek and Roman Theater (1961)
R. Graefe, Vela erunt. Die Zeltdächer der römischen Theater und ähnlicher Anlagen (1979)
R. Meinel, Das Odeion (1980)
A. Hönle – A. Henze, Römische Amphitheater und Stadien (1981)
E. Frézouls, Aspects de l'histoire architecturale du théâtre romain, in: ANRW II 12/1 (1982) 343ff. Taf. 1–22
H. Humphrey, Roman Circuses. Arenas for Chariot Racing (1986)
J.-C. Golvin, L'amphithéâtre romain (1988)
E. Frézouls, Les édifices des spectacles en Syrie, in: J.-M. Dentzer – W. Orthmann (Hrsg.), Archéologie et histoire de la Syrie II (1989) 385ff.
A. Segal, Theatres in Roman Palestine and Provincia Arabia, Mnemosyne Suppl. 140 (1995)
K. Welch, Recent Work on Amphitheatre Architecture and Arena Spectacles, JRA 14, 2001, 492ff.

Thermen/Nymphäen/Aquädukte
E. Pfrezschner, Die Grundrißentwicklung der römischen Thermen (1909)
D. Krencker – E. Krüger, Die Trierer Kaiserthermen (1929)
N. Neuerburg, L'architettura delle fontane e dei ninfei dell'Italia antica (1960)
S. Settis, ›Essedra‹ e ›ninfeo‹ nella terminologia architettonica del mondo romano. Dall'età republicana alla tarda antichità, in: ANRW IV 1–2 (1973) 661ff. Abb. 1–22
P. Aupert, Le nymphée de Tipasa et les nymphées et ›Septizonia‹ nord-africains (1974)
H. Manderscheid, Bibliographie zum römische Badewesen unter besonderer Berücksichtigung der öffentlichen Thermen (1988)
W. Letzner, Römische Brunnen und Nymphaea in der westlichen Reichshälfte (1990)
E. Brödner, Die römischen Thermen und das antike Badewesen (Darmstadt 1992)

J. de Laine – D. E. Johston (Hrsg.), Roman Baths and Bathing. Int. Conf. Bath 1982, JRA Suppl. 37 (1999)

J. de Laine, New Models, Old Modes: Continuity and Change in the Design of Public Baths, in: H.-J. Schalles u. a. (Hrsg.), Die römische Stadt im 2. Jahrhundert n. Chr. Der Funktionswandel im öffentlichen Raum. Koll. Xanten 1990 (1992) 257 ff.

D. Kek, Der römische Aquädukt als Bautypus und Repräsentationsarchitektur (1994)

C. Dorl-Klingenschmid, Prunkbrunnen in kleinasiatischen Städten. Funktion und Kontext (2001)

Ch. Bruun, Public Baths in the Roma West, JRA 15, 2002, 459 ff.

H. Manderscheid, Ancient Bath and Bathing: A Bibliography for the Years 1988–2001, JRA Suppl. 55 (2004)

Triumph- und Ehrenbögen, Tetrapyla

H. Kähler, Triumphbogen (Ehrenbogen), in: RE VII A 1 (1939) 373 ff.

E. Weigand, Propylon und Bogentor in der östlichen Reichskunst, Wiener Jahrbuch für Kunstgeschichte 5, 1928, 71 ff.

M. Pallottino, Arco onorario e trionfale, in: EAA I (1958) 588 ff.

V. M. Strocka, Das Markttor von Milet, 128. BWPr (1981)

J. Prieur, Les arcs monumentaux dans les Alpes occidentales: Aoste, Suse, Aix-les-Bains, in: ANRW II 12/1 (1982) 443 ff. Taf. 1–24

M. Pfanner, Der Titusbogen (1983)

G. Brands, Republikanische Stadttore in Italien (1988)

S. De Maria, Gli archi onorari di Roma e dell' Italia romana (1988)

F. S. Kleiner, The Study of Roman Triumphal and Honorary Arches 50 Years after Kähler, JRA 2, 1989, 195 ff.

D. Willers, Hadrians panhellenisches Programm (1990); Rez.: M. T. Boatwright, JRA 7, 1994, 426 ff.

H. von Hesberg, Bogenmonumente der frühen Kaiserzeit und des 2. Jahrhunderts n. Chr. Vom Ehrenbogen zum Festtor, in: H.-J. Schalles u. a. (Hrsg.), Die römische Stadt im 2. Jahrhundert n. Chr. Der Funktionswandel im öffentlichen Raum. Koll. Xanten 1990 (1992) 277 ff.

I. Kader, Propylon und Bogentor, DaF 7 (1996); Rez.: A. Schmidt-Colinet, AJA 103, 1999, 719 f.; P. Barresi, ArchCl 51, 1999/2000, 482 ff.

M. Roehmer, Der Bogen als Staatsmonument (1997)

A. Post, Zum Hadrianstor in Athen, Boreas 21/22, 1998/99, 171 ff.

J. Ch. Balty, Tetrakionia, Syria 77, 2000, 227 ff.

J. Mühlenbrock, Tetrapylon. Zur Geschichte des viertorigen Bogenmonumentes in der römischen Architektur (2001)

Haus/Villa/Palast/Gärten (s. auch Stadtanlagen)

A. W. van Buren, Villa, in: RE VIII A 2 (1958) 2142 ff.

H. Drerup, Die römische Villa, MarbWPr 1959, 1 ff.

J. Percival, The Roman Villa (1976)

P. Zanker, Die Villa als Vorbild des späten pompejanischen Wohngeschmacks, JdI 94, 1979, 460 ff. 513 ff.

A. G. McKay, Houses, Villas and Palaces in the Roman World (1975); dt.: Römische Häuser, Villen und Paläste (1980)
C. F. Giuliani, Note sull'architettura delle residenze imperiali dal I al III secolo d. Cr., in: ANRW II 12/1 (1982) 233ff. Taf. 1–6
A. Gieré, Hippodromus und Xystus. Untersuchungen zu römischen Gartenformen. Diss. Zürich (1986)
H. Mielsch, Die römische Villa. Architektur und Lebensform (1987)
C. Saliou, Les lois des bâtiments. Voisinage et habitat urbain dans l'empire romain. Recherches sur les rapports entre le droit et la construction privée du siècle d'Auguste au siècle de Justinien, BAH 116 (1994)
A. Wallace-Hadrill, Houses and Society in Pompeii and Herculaneum (1994)
B. Andreae, »Am Birnbaum«. Gärten und Parks im antiken Rom, in den Vesuvstädten und in Ostia (1996)
B. Brenk, Innovation im Residenzbau der Spätantike, in: B. Brenk (Hrsg.), Innovation in der Spätantike. Koll. Basel 1994 (1996) 67ff.
J. T. Smith, Roman Villas. A Study in Social Structure (1997); Rez.: J. J. Rossiter, JRA 13/2, 2000, 572ff. [Nordprovinzen]
J.-A. Dickmann, Domus frequentata. Anspruchsvolles Wohnen im pompeianischen Stadthaus (1999)
F. Pirson, Mietwohnungen in Pompeji und Herkulaneum. Untersuchungen zur Architektur, zum Wohnen und zur Sozial- und Wirtschaftsgeschichte der Vesuvstädte (1999); Rez.: A. Hoffmann, Gnomon 74, 2002, 52ff.
E. M. Moormann, Pompeii's Propriators and Tenats under one Roof, JRA 15, 2002, 429ff. (ausführlich Rez. zu Dickmann und Pirson a. O.)
C. Krause, Villa Jovis. Die Residenz des Tiberius auf Capri (2003)

Stadtanlagen/Wohnarchitektur (s. auch Haus/Villa)

G. A. Mansuelli, La città romana nei primi secoli dell'impero, in: ANRW II 12/1 (1982) 145ff.
Th. Lorenz, Römische Städte (Darmstadt 1987)
H.-J. Schalles u.a. (Hrsg.), Die römische Stadt im 2. Jahrhundert n. Chr. Der Funktionswandel im öffentlichen Raum. Koll. Xanten 1990 (1992)
P. Zanker, Pompei, Stadtbild und Wohngeschmack (1995)
W. Hoepfner, Geschichte des Wohnens I: 5000 v. Chr. – 500 n. Chr. (1999)

Grabbauten allgemein

H. Gabelmann, Grabbauten der frühen Kaiserzeit (1979)
Fr. Rakob, Numidische Königsarchitektur in Nordafrika, in: H. G. Horn – Ch. B. Rüger (Hrsg.), Die Numider. Kat. Bonn (1979) 119ff.
M. Eisner, Zur Topographie der Grabbauten im Suburbium Roms, 26. Ergh. RM (1986)
H. von Hesberg, Römische Grabbauten (Darmstadt 1992)
P. J. E. Davies, Death and the Emperor. Roman Imperial Funerary Monuments from Augustus to Marcus Aurelius (2000); Rez.: J. Arce, JRA 15, 2002, 485ff.
J.-Ch. Moretti (Hrsg.), L'architecture funéraire monumentale: la Gaule dans l'Empire romain. Coll. Lattes 2001 (im Druck)

Spätantike Mausoleen

J. J. Rasch, Das Maxentius-Mausoleum an der Via Appia in Rom (1984)

J. J. Rasch, Das Mausoleum bei Tor de' Schiavi in Rom (1993)

J. J. Rasch, Das Mausoleum der Kaiserin Helena in Rom und der »Tempio della Tosse« in Tivoli (1998); Rez.: J.-Ch. Balty, L'Antiquité Classique 70, 2001, 534 ff.

Grabbauten im Vorderen Orient und Kleinasien

M. Gawlikowski, Monuments funéraires de Palmyre (1970)

A. Schmidt-Colinet, Palmyrenische Grabarchitektur, in: E. M. Ruprechtsberger (Hrsg.), Palmyra. Kat. Linz/Frankfurt (1987) 214 ff. Abb. 1–17; franz. Fassung in: J. M. Dentzer – W. Orthmann (Hrsg.), Archéologie et histoire de la Syrie II (1989) 447 ff.

J. McKenzie, The Architecture of Petra, Brit. Academy Monographs in Archaeology 1 (1990); Rez.: P. Parr, PEQ 128, 1996, 63 ff.

A. Sartre-Fauriat, Des tombeaux et des morts. Monuments funéraires, société et culture en Syrie du sud du Ier s. av. J.-C. au VIIe s. apr. J.-C. Bd. I–II, BAH 158 (2001); Rez.: A. Schmidt-Colinet, RA 2003, 173 f.

A. Schmidt-Colinet, L'architecture funéraire de Nabatène et de Palmyre: Une bibliographie, in: J.-Ch. Motetti (Hrsg.), L'architecture funéraire monumentale. Coll. Lattes 2001 (im Druck)

Ch. Berns, Untersuchungen zu den Grabbauten der frühen Kaiserzeit in Kleinasien, Asia Minor Studien 51 (2003)

S. Cormak, The Space of Death in Roman Asia Minor, Wiener Forschungen zur Archäologie 6 (2004)

Einzelne Bauformen

P. Hommel, Giebel und Himmel, IstMitt 7, 1957, 11 ff.

Ch. Spuler, Opaion und Laterne. Zur Frage der Beleuchtung antiker und frühchristlicher Bauten durch ein Opaion und zur Entstehung der Kuppellaterne. Diss. Hamburg (1973)

A. Bammer, Elemente flavisch-trajanischer Architekturfassaden von Ephesos, ÖJh 52, 1978–80, 67 ff.

G. Hornbostel-Hüttner, Studien zur römischen Nischenarchitektur (1979)

H. von Hesberg, Elemente der frühkaiserzeitlichen Ädikulaarchitektur, ÖJh 53, 1981/82, 43 ff.

J. J. Rasch, Die Kuppel in der römischen Architektur, Architectura 15, 1985, 117 ff.

Bauplastik

P. Hommel, Studien zu den römischen Figurengiebeln der Kaiserzeit (1954)

A. Schmidt-Colinet, Antike Stützfiguren. Untersuchungen zu Typologie, Chronologie und Interpretation der menschengestaltigen Architekturstütze in der griechischen und römischen Kunst (1977)

K. Tancke, Figuralkassetten griechischer und römischer Steindecken (1989)

Bauornamentik

Allgemein

P. H. von Blanckenhagen, Flavische Architektur und ihre Dekoration untersucht am Nervaforum (1940)

D. E. Strong, Late Hadrianic Architectural Ornament in Rome, BSR 21, 1953, 118ff.

M. Wegner, Ornamente kaiserzeitlicher Bauten Roms: Soffitten, Münsterische Forschungen 10 (1957)

Ch. Leon, Die Bauornamentik des Trajanforums und ihre Stellung in der früh- und mittelkaiserzeitlichen Architekturdekoration Roms (1971)

P. Pensabene, La decorazione architettonica di Cherchell: cornici, architravi, soffitti, basi e pilastri, in: 150-Jahr-Feier Deutsches Archäologisches Institut Rom. 1979, 25. Ergh. RM (1982) 116ff. Taf. 31–71

P. Pensabene, La decorazione architettonica, l'impiego di marmo e l'importazione di manufatti orientali a Roma, in Italia a in Africa (II–VI d. C.), in: Società romana e impero tardo-antico III (1986) 285ff.

M. Pfanner, Vom »Laufenden Bohrer« bis zum bohrlosen Stil, AA 1988, 667ff.

H. von Hesberg, Bauornamentik als kulturelle Leitform, in: W. Trillmich – P. Zanker (Hrsg.), Stadtbild und Ideologie, Kolloquium Madrid 1987, AbhMünchen 103 (1990) 341ff.

D. Strong, Roman Museums. Selected Papers on Roman Art and Architecture (1994)

T. Mattern, Gesims und Ornament. Zur stadtrömischen Architektur von der Republik bis Septimius Severus (2001)

H. Heinrich, Subtilitas novarum scalpturarum. Zum Marmorbauornament der späten Republik und frühen Kaiserzeit in Pompeji und Campanien (2003)

Bauornament Kleinasien

W. Alzinger, Augusteische Architektur in Ephesos, SoSchrÖAI 16 (1974)

W. Voigtländer, Der jüngste Apollontempel von Didyma. Geschichte seines Baudekors, 4. Beih. IstMitt (1975)

V. M. Strocka, Das Markttor von Milet, 128 BWPr (1981)

V. M. Strocka, Wechselwirkungen der stadtrömischen und kleinasiatischen Architektur unter Trajan und Hadrian, IstMitt 38, 1988, 291ff.

S. Pülz, Untersuchungen zur kaiserzeitlichen Bauornamentik von Didyma, 35. Beih. IstMitt (1989)

S. Pülz, Zur Bauornamentik des Zeus-Tempels in Euromos, IstMitt 39, 1989, 451ff.

L. Vandeput, Dating by Means of Architectural Decoration. Possibilities and Limits, in: M. Waelkens – J. Poblome (Hrsg.), Sagalassos III (1995) 129ff.

L. Vandeput, The Architectural Decoration in Roman Asia Minor: Sagalassos (1997); Rez.: F. Rumscheid, GGA 251, 1999, 38ff.

Bauornament Vorderer Orient/Ägypten

E. Weigand, Baalbek und Rom, die Römische Reichskunst in ihrer Entwicklung und Differenzierung, JdI 29, 1914, 37ff.

E. Weigand, Baalbek, Datierung und kunstgeschichtliche Stellung seiner Bauten, Jahrbuch für Kunstwissenschaften 2, 1924/25, 77ff. 165ff.

B. Filarska, Études sur le décor architectural à Palmyre, Études Palmyréniennes 2 (1967)
P. Pensabene, Elementi d'architettura alessandrina, Studi Miscellanei 28, 1984/85 (1991) 29 ff.
J. Dentzer-Feydy, Décor architectural et développement du Hauran du 1er siècle av. au 7e siècle de notre ère, in: J.-M. Dentzer (Hrsg.), Hauran I 2 (1986) 261 ff.
J. Dentzer-Feydy, Le décor architectural en Syrie aux époques hellénistique et romaine, in: J.-M. Dentzer – W. Orthmann (Hrsg.), Archéologie et histoire de la Syrie II (1989) 457 ff.
K. S. Freyberger, Untersuchungen zur Baugeschichte des Jupiter-Heiligtums in Damaskus, DaM 4, 1989, 61 ff.
J. McKenzie, The Architecture of Petra, Brit. Academy Monographs in Archaeology 1 (1990); Rez.: P. Parr, PEQ 128, 1996, 63 ff.
K. S. Freyberger, Der Tempel in Slim. Ein Bericht, DaM 5, 1991, 9 ff.
A. Nacchache, Le décor des églises de villages d'Antiochène du IVe au VIIe siècles, BAH 144 (1992)
P. Pensabene, Elementi architettonici di Alessandria e di altri siti egiziani, Repertorio d'arte dell'Egitto Greco-Romano C III (1993)
Ch. Strube, Baudekoration im nordsyrischen Kalksteinmassiv I: Kapitell-, Tür- und Gesimsformen der Kirchen des 4. und 5. Jahrhunderts n. Chr., DaF 5 (1993)
A. Ovadiah – Y. Turnheim, »Peopled Scrolls« in Roman Architectural Decoration in Israel, in: RdA Suppl 12 (1994); Rez.: F. Baratte, L'Antiquité classique 65, 1996, 585 f.
J. McKenzie, The Architectural Style of Roman and Byzantine Alexandria and Egypt, in: D. M. Baily (Hrsg.), Archaeological Research in Roman Egypt. Coll. London 1993, JRA Suppl. 19 (1996) 128 ff.
P. Pensabene, Marmi d'importazione, pietre locali e committenza nella decorazione architettonica di età Severiana in alcuni centri delle province Syria et Palestina e Arabia, ArchCl 49, 1997, 275 ff. (mit ausführlicher Lit.)
K. S. Freyberger, Die frühkaiserzeitlichen Heiligtümer der Karawanenstationen im hellenisierten Osten, DaF 6 (1998) passim; Rez.: M. Gawlikowski, Topoi 8, 1998, 381 ff.
K. S. Freyberger, Die Architekturdekoration des Podienmonuments in Gadara, Städel Jahrbuch NF 17, 1999, 55 ff.
G. Brands, Die Bauornamentik von Resafa-Sergiupolis. Studien zur spätantiken Architektur und Bauausstattung in Syrien und Nordmesopotamien, Resafa VI (2002)

Säulen

M. Wegner, Gewundene Säulen aus Ephesos, ÖJh 51, 1976/77, Beibl. 49 ff.
A. Claridge, Roman Methods of Fluting Corinthian Columns and Pilasters, in: Citta e architettura nella Roma imperiale, Sem. Rom 1981, AnalRom Suppl. 10 (1983) 119 ff.
T. Mattern, Segmentstab-Kanneluren, Boreas 18, 1995, 57 ff.

Basen

M. Wegner, Schmuckbasen des antiken Rom, Orbis Antiquus 22 (1965)

L.T. Shoe, The Geographical Distribution of Greek and Roman Ionic Bases, Hesperia 38, 1969, 186ff.
E. Makowiecka, Acanthus-base. Alexandrian Form of Architectural Decoration at Ptolemaic and Roman Period, Etudes et Travaux III (1969) 116ff.
B. Wesenberg, Attische Säulenbasen in der Wanddekoration des zweiten pompejanischen Stils, in: Bathron. Festschrift H. Drerup (1988) 409ff.
Ch. Schreiter, Römische Schmuckbasen, KölnJb 28, 1995, 161ff.
Ch. Schreiter, Hellenistische und römische Kelchbasen, DaM 9, 1996, 113ff.

Kapitelle

Kapitelle allgemein

K. Ronczewski, Variantes des chapiteaux romains, Annales de l'Université de Latavie 8, 1923, 115ff.
H. Kähler, Die römischen Kapitelle des Rheingebietes, RGF 13 (1939)
D. E. Strong, Some Early Examples of the Composit Capital, JRS 50, 1960, 119ff.
E. von Mercklin, Antike Figuralkapitelle (1962)
D. E. Strong, Some Observations on Early Roman Corinthian, JRS 53, 1963, 73ff.
M. Wegner in: EAA V (1963) 713ff. s. v. ordini architettonici; dazu: EAA Atlante dei complessi figurativi (1973) 14ff. Taf. 290–384 s. v. ordini architettonici
Ch. Börker, Blattkelchkapitelle. Untersuchungen zur kaiserzeitlichen Architekturornamentik in Griechenland (1965).
W.-D. Heilmeyer, Korinthische Normalkapitelle. Studien zur Geschichte der römischen Architekturdekoration, 16. Ergh. RM (1970)
P. Pensabene, I Capitelli, Scavi di Ostia VII (1973)
H. Lauter-Bufe, Die Geschichte des sikeliotisch-korinthischen Kapitells. Der sogenannte italisch-republikanische Typus (1987)
J. J. Herrmann, The Ionic Capital in Late Antique Rome (1988)
M. Pfanner, Über das Herstellen von Porträts, JdI 104, 1989, 157ff.
K. S. Freyberger, Stadtrömische Kapitelle aus der Zeit von Domitian bis Alexander Severus (1990)
K. S. Freyberger, Zur Typisierung und Standardisierung stadtrömischer Kapitelle der mittleren Kaiserzeit, in: A. Hoffmann u.a. (Hrsg.), Bautechnik der Antike, DiskAB 5 (1991) 53ff.
M. Wilson Jones, Designing the Roman Corinthian Capital, BSR 59, 1991, 89ff.
U.-W. Gans, Korinthisierende Kapitelle der römischen Kaiserzeit (1992)
P. Liljenstolpe, The Roman Blattkelch Capital, OpRom22/23, 1997/98 (1999) 91ff.
B. Wesenberg, Virginis peculia. Zu Vitruvs Aitiologie des korinthischen Kapitells, AA 1999, 313ff.

Kapitelle Kleinasien

O. Bingöl, Das ionische Normalkapitell in hellenistischer und römischer Zeit in Kleinasien, 20. Beih. IstMitt (1980)
Ch. Vasdaris, Das dorische Kapitell in der hellenistisch-römischen Zeit im östlichen Mittelmeerraum (1987)
J. Kramer, Korinthische Pilasterkapitelle in Kleinasien und Konstantinopel, 39. Beih. IstMitt (1994)

Th. Zollt, Kapitellplastik Konstantinopels vom 4.–6. Jahrhundert n. Chr. (1994) 150
J. Rohmann, Die Kapitellproduktion der römischen Kaiserzeit in Pergamon, PF 10 (1998)
G. A. Plattner, Ein stadtrömisches Kapitell aus Ephesos, ÖJh 71, 2002, 237ff.
G. A. Plattner, Ephesische Kapitelle des 1. und 2. Jhs. n. Chr. Form und Funktion kaiserzeitlicher Architekturdekoration in Kleinasien. Diss. Wien (2003)

Kapitelle Syrien/Palästina/Ägypten
K. Ronczewski, Les chapiteaux corinthiens et variés du Musée Gréco-Romain d'Alexandrie, Annales de l'université de Lettonie 16, 1927, 3ff. Taf. 1–8
D. Schlumberger, Les formes anciennes du chapiteau corinthien en Syrie, en Palestine et en Arabie, Syria 14, 1933, 283ff.
J. Dentzer-Feydy, Les chapiteaux ioniques de Syrie méridionale, Syria 67, 1990, 143ff.
J. Dentzer-Feydy, Les chapiteaux corinthiens normaux de Syrie méridionale (1re partie), Syria 67, 1990, 633ff.
M. L. Fischer, Das korinthische Kapitell im Alten Israel in der hellenistischen und römischen Periode. Studien zur Geschichte der Baudekoration im Nahen Osten (1990)
H. Bloedhorn, Die Kapitelle der Synagoge von Kapernaum. Ihre zeitliche und stilistische Einordnung im Rahmen der Kapitellentwicklung in der Decapolis und in Palestina (1993)
A. Invernizzi, Les chapiteaux du temple de Bel de Palmyre et les chapiteaux à éléments rapportés dans l'Asie hellénistique, AAS 42, 1996, 355ff.
J. Patrick, The Formation of the Nabataean Capital, in: K. Fittschen – G. Foerster (Hrsg.), Judaea and the Graeco-Roman World in the Time of Herod in the Light of Archaeological Evidence, AbhGöttingen 215 (1996) 197ff.
K. S. Freyberger, Im Licht des Sonnengottes. Deutung und Funktion des sog. Bacchus-Tempels im Heiligtum des Jupiter Heliopolitanus in Baalbek, DaM 12, 2000, 95ff.
A. Laroche-Traunecker, Chapiteaux »nabatéens«, »corinthiens inachevés« ou »simplifiés«?, Ktema 25, 2000, 207ff.

Gebälke und Einzelornamente
F. Töbelmann, Römische Gebälke I (1923)
M. Wegner, Ornamente kaiserzeitlicher Bauten Roms. Soffitten, Münsterische Forschungen 10 (1957)
S. Neu, Römisches Ornament. Stadtrömische Marmorgebälke aus der Zeit von Septimius Severus bis Konstantin. Diss. Münster (1972)
H. von Hesberg, Zur Entstehung des Gebälks in der römischen Repräsentationsarchitektur, in: P. Zanker (Hrsg.), Hellenismus in Mittelitalien. Koll. Göttingen 1974, AbhGöttingen III Nr. 97 (1976) 439ff.
M. Wegner, Soffitten von Ephesos und Asia Minor, ÖJh 52, 1978–80, 91ff.
H. von Hesberg, Konsolengeisa des Hellenismus und der frühen Kaiserzeit, 24. Ergh. RM (1980); Rez.: S. Walker, Gnomon 55, 1983, 272ff.; P. Gros, BJb 184, 1984, 725ff.; P. Pensabene, ArchCl 37, 1985, 316ff.

H. von Hesberg, Lo sviluppo dell'ordine corinzio in età tardo-republicana, in: L'art décoratif à Rome à la fin de la république et au début du principat. Table ronde Rom 1979. Coll. EFR 55 (1981) 19 ff.

J. Ganzert, Zur Entwicklung lesbischer Kymationfomen, JdI 98, 1983, 123ff.

J. Ganzert, Augusteische Kymaformen – eine Leitform der Bauornamentik, in: Augustus und die Verlorene Republik, Kat. Berlin (1988) 116 ff.

Rankenfriese/Girlanden

Th. Kraus, Die Ranken der Ara Pacis. Ein Beitrag zur Entwicklung der augusteischen Ornamentik (1953)

J. M. C. Toynbee – J. B. Ward-Perkins, Peopled Scrolls: a Hellenistic Motif in Imperial Art, BSR 18, 1950, 1 ff. und JRS 42, 1952, 21 ff.

M. Honroth, Stadtrömische Girlanden, SoSchrÖAI 17 (1971)

G. Schörner, Römische Rankenfriese. Untersuchungen zur Baudekoration der späten Republik und der frühen und mittleren Kaiserzeit im Westen des Imperium Romanum (1995); Rez.: R. Cohon, BJb 198, 1998, 549 ff.

M. Mathea-Förtsch, Römische Rankenpfeiler und -pilaster (1999); Rez.: R. Cohon, AJA 105, 2001, 372 f.

G. Schörner, Rankenornamentik der römischen Kaiserzeit in Ephesos: Einheimische Tradition – stadtrömische Modelle, in: H. Friesinger – F. Krinzinger (Hrsg.), 100 Jahre Österreichische Forschungen in Ephesos, Symposium Wien 1995 (1999) 565 ff.

Pompejanische Wandmalerei

Allgemein

A. Mau, Geschichte der decorativen Wandmalerei in Pompeji (1882)

L. Curtius, Die Wandmalerei Pompejis (1929)

H. G. Beyen, Die pompejanische Wanddekoration vom 2. bis zum 4. Stil I (1938) II 1 (1960)

J. Engemann, Architekturdarstellungen des frühen zweiten Stils, 12. Ergh. RM (1967)

G.-Ch. Picard, Origine et signification des fresques achitectoniques romano-campaniennes dites de second Style, RA 1977, 231 ff.

A. Laidlaw, The First Style in Pompeii: Painting and Architecture (1985)

B. Wesenberg, Römische Wandmalerei am Ausgang der Republik, Gymnasium 92, 1985, 470 ff.

W. Ehrhardt, Stilgeschichtliche Untersuchungen an römischen Wandmalereien von der späten Republik bis zur Zeit Neros (1987)

R. Ling, Roman Painting (1991)

R. Thomas, Die Dekorationssysteme der römischen Wandmalerei von augusteischer bis in trajanische Zeit (1995)

H. Mielsch, Römische Wandmalerei (2001)

B. Wesenberg, Wand und Illusion im zweiten pompejanischen Stil, in: K. Möseneder – G. Schüssler (Hrsg.), Bedeutung in den Bildern. Festschrift J. Traeger (2002) 477 ff.

Megalographien 152
R. Herbig, Neue Beobachtungen am Fries der Mysterienvilla in Pompeji (1958)
E. Simon, Die Fürstenbilder von Boscoreale (1958)
E. Simon, Zum Fries der Mysterienvilla bei Pompeji, JdI 76, 1961, 111 ff.
A. M. G. Little, The Boscoreale Cycle, AJA 68, 1964, 62 ff.
O. Brendel, Der große Fries der Villa dei Misteri, JdI 81, 1966, 206 ff.
G. Sauron, La grande fresque de la Villa des Mystères à Pompei (1998)
M. Pfrommer, Göttliche Fürsten in Boscoreale, 12. TrWPr (1992)
M. Fuchs, Aurea Aetas, JdI 13, 1998, 91 ff.